Avec la carte et un fac-simile du manuscrit.

Presented to

La Bibliothèque Impériale

Paris.

by

James Lenox

New York April 1855.

RECIT
DES VOYAGES
ET DES DECOUVERTES
DU
R. Père JACQUES MARQUETTE de la Compagnie de JESUS, en l'année 1673 et aux ſuivantes;

La CONTINUATION *de ſes* VOYAGES
Par le R. P. *Claude Alloüez*,

ET

Le JOURNAL AUTOGRAPHE du P. MARQUETTE en 1674 & 1675.

Avec la Carte de ſon Voyage tracée de ſa main.

Imprimé d'après le Manuſcrit Original
reſtant au Collège Ste Marie
à Montréal.

AVANT-PROPOS.

Ce précieux Manuscrit que nous devons a l'obligeance du Révérend Père Felix Martin, Recteur actuel du College Sainte Marie à Montréal, avait été déposé dans les mains des Réligieuses de l'Hôtel-Dieu de Québec par le Révérend Père Cazot, le dernier des anciens Jésuites du Canada, mort en 1800. *Il est resté en leur possession jusqu'à ce qu'elles l'aient donné aux Jésuites revenus au Canada en* 1842.

La Carte et la Lettre, jointes au Journal, sont de la main même du Père Marquette. Le Journal a été rédigé vers l'an 1678 par l'ordre du Révérend Père Claude Dablon, alors Supérieur Général des Missions de la Compagnie de Jésus au Canada. Les corrections que porte le Manuscrit et la dernière paragraphe du p. 144, sont de la main même du Père Dablon.

Malheureusement il manquait deux feuilles dans la 6e Section, depuis p. 55 jusqu'au p. 63. Pour y suppléer il a fallu avoir recours à l'édition, quoique bien défectueuse, publiée en 1681 par Thévenot.

TABLE
DES CHAPITRES.

Récit des Voÿages et des Decouuertes du Père Iacques Marquette en l'année 1673 et aux ſuiuantes.

CHAPITRE PREMIER.

TABLE

DES CHAPITRES.

CHAPITRE SECOND.

CHAPITRE TROISIEME.

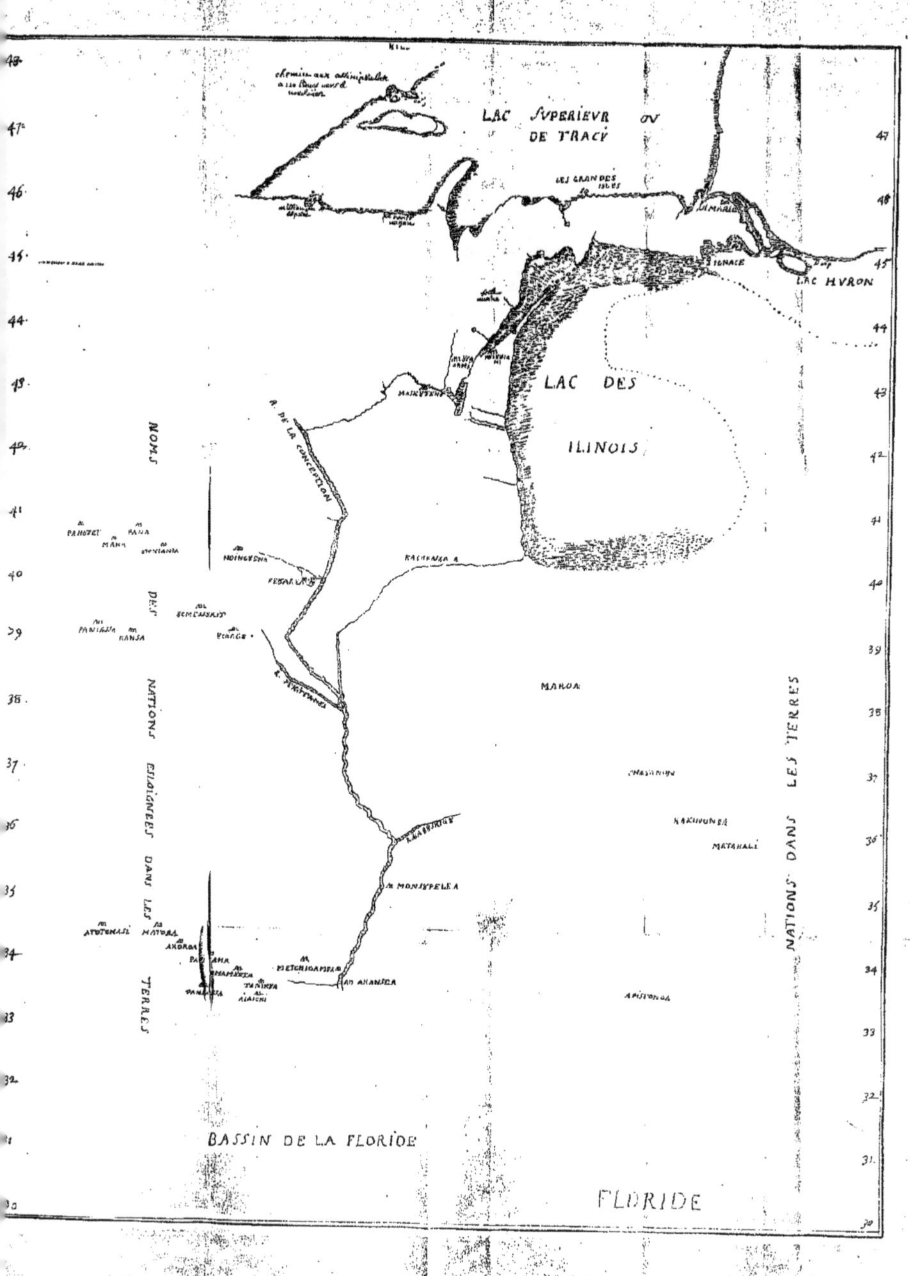

LAC SVPERIEVR OV
DE TRACY
LES GRANDES ISLES
LAC HVRON
LAC DES
ILINOIS
R. DE LA CONCEPTION
NOMS DES NATIONS ESLOIGNEES DANS LES TERRES
NATIONS DANS LES TERRES
MAROA
BASSIN DE LA FLORIDE
FLORIDE

RÉCIT DES VOYAGES ET ES DECOUUERTES du P. IACQUES MARQUETTE de la Compagnie de IESVS, en l'année 1673 et aux ſuiuantes.

CHAPITRE PREMIER.

U PREMIER VOYAGE qu'a fait le P. Marquette vers le nouueau Mexique & Comment s'en eſt formé le deſſein.

IL y auoit longtemps que le Pere premeditoit cette Entrepriſe, porté d'un tres ardent deſir d'eſtendre le Royaume de J. Ch. et de le faire connoiſtre et adorer par tous les peuples de ce paÿs. Il ſe voioit comme a la porte de ces nouuelles Nations, lorſque dés l'année 1670 il trauailloit en la Miſſion de la pointe du S[t] Eſprit qui eſt a l'extremité du lac Superieur aux Outaoüacs, il uoioit meſme quelquefois pluſieurs de ces nouueaux peuples, deſquels il prenoit toutes les Connoiſſances qu'il pouuoit, C'est ce qui luy a fait faire pluſieurs efforts pour commencer cette entrepriſe, mais touſiour inutilement, et meſme il auoit perdu l'eſperance d'en venir about lorſque Dieu luy en fit naiſtre cette occaſion.

En l'année 1673 M[r] Le Cõmte De frontenac noſtre Gouuerneur, et Mr Talon alors noſtre Intendant, connoiſſant l'Importance de cette découuerte, ſoit pour chercher vn paſſage d'icy juſqua La mer de La Chine par la riuiere qui ſe décharge a la Mer Vermeille ou Californie, ſoit qu'on voulu s'aſſeurer de ce qu'on a dit du depuis, touchant les 2 Roÿaumes de Theguaïo et de Quiuira, limitrophes du Canada, ou l'on tient que les mines d'or ſont abondantes, ces Meſſieurs, dis-ie, nommerent en meſme temps pour cette entrepriſe le Sieur Jolyet quils jugerent tres propres pour un ſi grand deſſein, eſtant bien aiſe que le P. Marquette fut de la partie.

Ils ne ſe tromperent pas dans le choix qu'ils firent du Sr Jolyet, car c'eſtoit un jeune homme natif de ce paÿs, qui a pour vn tel deſſein tous les aduantages qu'on peut ſouhaiter; Il a l'experience, et la

Connoiſſance des Langues du Paÿs des Outaoüacs, ou il a paſſé pluſieurs années, il a la Conduite et la ſageſſe qui ſont les principales parties pour faire reuſſir vn uoÿage egalement dangereux et difficile. Enfin il a le Courage pour ne rien apprehender, ou tout eſt a craindre, auſſj a-t-il remplÿ l'attente qu'on auoit de luy, et ſi apres auoir paſſé mille ſortes de dangers, il ne fut venu malheureuſement faire nauffrage au port, ſon Canot aÿant tourné au deſſoubs du Sault de St Loüys proche de Montreal, ou il a perdu et ſes hommes et ſes papiers, et d'ou il n'a eſchapé que par vne eſpece de Miracle, il ne laiſſoit rien a ſouhaiter au ſuccez de ſon Voÿage.

SECTION Iere.

Depart du P. Iacques Marquette pour la découuerte de la grande Riuiere appellée par les Sauuages Missisipi qui conduit au Nouveau Mexique.

LE jour de l'Immaculée Conception de la Ste VIERGE, que J'auois tousjour Inuoquée depuis que je suis en ce pays des Outaoüacs, pour obtenir de Dieu la grace de pouuoir visiter les Nations qui sont sur la Riuiere de Missispi, fut justement celuy auquel arriua Mr Jollyet auec les ordres de M^r^ le Comte de frontenac nostre Gouuerneur et de Mr Talon nostre Intendant, pour faire auec moy cette découuerte. Je fus d'autant plus rauy de cette bonne Nouuelle, que je voiois que mes desseins alloient étre accomplis, et que je me trouuois dans une heureuſe neceſſité d'expoſer ma vie pour le ſalut de tous ces peuples, et particulierement pour les Ilinois qui m'auoient prié auec beaucoup d'inſtance lorſque J'eſtois a la pointe du S[t] Eſprit de leur porter chez eux la parole de Dieu.

Nous ne fuſmes pas longtemps a preparer tout noſtre Equippage, quoyque nous nous engageaſſions en vn voÿage dont nous ne pouuions pas preuoir la durée; Du Bled d'Inde auec quelque viande boucanée, furent toutes nos prouiſions, auec leſquelles nous nous embarquammes sur 2 Canotz d'écorce, Mr Jollyet et moy, auec 5 hommes, bien reſolus a tout faire et a tout ſouffrir pour une ſi glorieuſe Entrepriſe.

Ce fut donc le 17e jour de may 1673 que nous partîmes de la Miſſion de St Ignace a Michilimakinac, ou j'eſtois pour lors; La Joÿe que nous auions d'étre choiſis pour cette Expedition, animoit nos Courages et nous rendoit agreables les peines que nous auions a ramer depuis le matin juſqu'au ſoir; et parceque nous allions chercher des païs inconnus, nous apportammes toutes les precautions que nous pûmes, affinque ſi noſtre entrepriſe eſtoit hazardeuſe elle ne fut pas temeraire; pour ce ſujeȼt nous prîmes toutes les Connoiſſances que nous pûmes des Sauuages qui auoient frequenté ces endroiȼtz là, et meſme nous tracâmes ſur leur raport une Carte de tout ce Nouueau paÿs; nous y fîmes marquer les riuieres ſur leſquelles nous deuions nauiger, les noms des peuples et des lieux par leſquels nous deuions paſſer, le Cours de la grande Riuiere, et quels rund de vent nous deuions tenir quand nous y ſerions.

Sur tout je mis noſtre Voyage ſoubs la protection de la Ste Vierge Immaculée, luy promettant que ſi elle nous faiſoit la grace de découurir la grande Riuiere, Je luy donnerois le nom de la Conception et que je ferois auſſj porter ce nom a la premiere Miſſion que j'établyrois chez ces nouueaux peuples, ce que j'ay fait de vraÿ chez les Ilinois.

Section 2de.

Le Pere visite en Passant les Peuples de la folle Auoine; Ce que c'est que cette folle auoine; Il entre dans La baÿe des Puantz; quelques particularitéz de cette baÿe, il arriue a la Nation du feu.

AUec toutes ces precautions nous faisons joüer joyeusement les Auirons, sur vne partie du Lac huron et celuy des Ilinois, et dans la baÿe des Puantz.

La premiere Nation que nous rencontrâmes, fut celle de La folle Auoine, Jentray dans leur riuiere, pour aller uisiter ces peuples, ausquels nous auons presché l'Euangile depuis plusieurs années, aussj se trouue t-il parmy eux plusieurs bons chrestiens.

La folle auoine dont ils portent

le nom, parcequelle ſe trouue ſur leurs terres eſt une ſorte d'herbe qui croit naturellement dans les petites Riuieres dont le fond eſt de vaſe, eſt dans les Lieux Mareſcageux; elle eſt bien ſemblable a la folle auoine qui croit parmy nos blédś. Les epics ſont ſur des tuÿeaux noüéś d'eſpace en eſpace, ils ſortent de l'eau vers le mois de Juin, et vont touſjour montant juſqu'a ce qu'ils ſurnagent de deux pieds enuiron, le grain n'eſt pas plus gros que celuy de nos auoines, mais il eſt vne fois plus long, auſſj la farine en eſt t-elle bien plus abondante. Voicy comme les ſauuages la cueillent et la preparent pour la manger. Dans le mois de Septembre qui eſt le temps propre pour cette recolte, ils vont en Canot autrauers de ces champs de folle auoine, ils en ſecoüent les eſpics de part et d'autre dans le Canot, a meſure qu'ils auancent le grain tombe aiſément s'il eſt meur, et en peu de temps ils en font leur prouiſion : Mais pour le nettoÿer de la paille et le dépouiller d'une pellicule dans laquelle il eſt enfermé, ils le mettent ſécher a la fumée, ſur vn gril de bois ſoubs lequel ils entretiennent vn petit feu, pendant quelques Jours, et lorſque L'auoine eſt bien ſeche, ils la mettent dans une Peau en forme de pouche, laquelle ils enfoncent dans vn trou fait a ce deſſein en terre, puis ils la pillent auec les pieds, tant et ſi fortement que le grain s'eſtant ſeparé de la paille, ils le vannent tres aiſément, apres quoy ils le pillent pour le reduire en farine, ou meſme ſans eſtre pillé ils le font cuire dans l'eau qu'ils aſſaiſonnent auec de la graiſſe, et de cette façon on trouue la folle Auoine preſque auſſj delicate, qu'eſt le ris, quand on n'y met pas de meillieur aſſaiſonnement.

Je racontay a ces peuples de La folle Auoine, le deſſein que jauois d'aller découurir ces Nations Eſloignées pour les pouuoir inſtruire des Mysteres de noſtre Ste Religion; Ils en furent extremement ſurpris, et firent tous leur poſſible pour m'en diſſuader; Ils me repreſenterent que je rencontrerois des Nations qui ne pardonnent jamais aux Eſtrangers auſquels ils caſſent la teſte ſans aucun ſujet; que la guerre qui eſtoit allumée entre Diuers peuples qui eſtoient ſur noſtre Route, nous expoſoit a vn autre danger manifeſte d'eſtre tuéz par les bandes de Guerriers qui ſont touſjours en Campagne; que la grande Riuiere eſt tres dangereuſe, quand on n'en ſcait pas les Endroictz difficiles, qu'elle eſtoit pleine de monſtres effroÿables, qui deuoroient les hommes et les Canotz tout enſemble; qu'il y a meſme vn démon qu'on entend de fort loing qui enferme le paſſage et qui abyſme ceux qui oſent en approcher, Enfin que les chaleurs ſont ſj exceſſiues en ces paÿs la qu'elles nous cauſeroient la mort jnfailliblement.

Je les remerciay de ces bons aduis qu'ils me donnoît, mais je leurs dis que je ne pouuois pas les ſuiure, puiſqu'il s'agiſſoit du ſalut des ames pour leſquelles ie ſerois rauy de donner ma vie, que je me moquois de ce demon pretendu, que nous nous deffenderions bien de ces monſtres marins, et qu'au-reſte nous nous tienderions ſur nos gardes pour euiter les autres dangers donts ils nous menaçoient. Apres les auoir fait prier Dieu et leur auoir donné quelque Inſtruction, Je me ſeparaÿ d'eux, et nous eſtant embarquez ſur nos Canotz, nous arriuâmes peu de temps apres dans le fond de la Baye des puantz, ou nos Peres trauaillent utilement a la Conuerſion de ces peuples, en ayant baptiſé plus de deux mille depuis qu'ils y ſont.

Cette baÿe porte vn nom qui n'a pas une ſi mauuaiſe ſignification en la langue des Sauuages, Car ils l'appellent pluſtoſt La baÿe Sallée que la Baÿe des Puans, quoyque parmy eux ce ſoit preſque le meſme, & c'eſt auſſj le nom qu'ils donnent a la Mer; Ce qui nous a fait faire de tres exactes recherches pour découurir s'il n'y auoit pas en ces quartiers quelques fontaines d'Eau Sallée, comme il y en a parmy les hiroquois; mais nous n'en auons point trouué. Nous jugeons donc qu'on luy a donné ce nom a cause de quantité de vase et de Boüe qui s'y rencontre, d'ou s'esleuent continuellement de meschantes vapeurs qui y causent les plus grands et les plus continuels Tonnerres, que jaye iamais entendu.

La Baye a enuiron trente lieuës de profondeur et huict de large en son commencement; elle ua tousjour se retrécissant jusques dans le fond, ou il est aisé de remarquer la marée qui a son flux et reflux reglé presque comme celuy de la

Mer. Ce n'eſt pas icy le lieu d'examiner ſi ce ſont des vraÿes marées, ſi elles ſont cauſées par les ventz ou par quelqu'autre principe, s'il y a des ventz qui ſont les auant-coureurs de la Lune et attachez a ſa ſuitte leſquels par conſequent agitent le Lac et luy donnent comme ſon flux et reflux toutes les fois que la Lune monte ſur l'horiſon. Ce que je peux dire de certain eſt que quand l'eau eſt bien calme, on la voit aiſement monter et deſcendre ſuiuant le Cours de la lune, quoyque je ne nie pas que ce mouuement ne puiſſe eſtre cauſé par les ventz qui ſont bien éloignez, et qui peſant ſur le milieu du Lac font que les bords croiſſent et décroiſſent de la façon qui paroit a nos yeux.

Nous quittâmes cette baye pour

entrer dans la riuiere qui s'y décharge; elle eſt tres belle en ſon Emboucheure, et coule doucement, elle eſt pleine D'outardes, de Canards de Cercelles et d'autres oyſeaux qui y ſont attirez par la folle Auoine, dont ils ſont fort friands, mais quand on a vn peu auancé dans cette riuiere, on la trouue tres difficile, tant a cauſe des Courants que des Roches affilées, qui couppent les Canotz et les pieds de ceux qui ſont obligés de les traiſner, ſurtout quand les eaux ſont baſſes. Nous franchîmes pourtant heureuſement ces rapides et en approchant de Machkoutens la Nation du feu, jeu la curioſité de boire des Eaux mineralles de la Riuiere quj n'eſt pas loing de cette bourgade, Je pris auſſj le temps de reconnoiſtre vn ſimple qu'un Sauuage qui en ſcait le ſecret a enſeigné au P. Alloües auec beaucoup de ceremonies, Sa racine ſert contre la morſure des ſerpents, Dieu ayant voulu donner ce remede contre vn venin qui eſt tres frequent en ces paÿs: Elle eſt fort chaude et elle a vn gouſt de poudre quand on l'eſcraſe ſous la dent; il faut la maſcher et la mettre ſur la piquure du ſerpent, qui en a vne ſi grande horreur, qu'il s enfuit meſme de celuy qui s'en eſt frotté, elle produit pluſieures tiges hautes d'un pied, dont la feuille eſt un peu longue et la fleur blanche et beaucoup ſemblable a la giroflée. J'en mis dans mon Canot, pour l'examiner a loiſir, pendant que nous auancions touſjour vers Maſkoutens, ou nous arriuâmes le 7e de Juin.

SECTION 3eme.

Deſcription de la Bourgade de Maſkoutens, Ce qui s'y paſſa entre le Pere & les Sauuages; Les françois commencent d'entrer dans vn Paÿs noueau et Inconnu et arriuent a Miſſiſpi.

NOus voicy rendus a Maſkoutens, ce Mot en Algonquin peut ſignifier Nation du feu, auſſi eſt ce le nom qu'on luy a donné; C'eſt icy le terme des découuertes qu'ont fait les françois, car ils n'ont point encor paſſé plus auant.

Ce Bourg eſt composé de trois ſortes de Nations qui s'y ſont ramaſſées, Des Miamis, des Maſkoutens, et des Kikabous. Les premiers ſont les plus ciuils, les plus liberaux, et les mieux faitz, ils portent deux longues mouſtaches ſur les oreilles, qui leurs donnent bonne grace, ils paſſent pour les guerriers et ſont rarement des partis ſans ſuccez; ils ſont fort dociles, ils eſcoutent paiſiblement ce qu'on leur dit, et ont paru ſi auides d'entendre le P. Alloües quand il les Inſtruiſoit, qu'ils luy donnoient peu de repos, meſme pendant la nuict. Les Maſkoutens et les Kikabous ſont plus groſſiers et ſemblent eſtre des païſantz en comparaiſon des autres. Comme les Eſcorces a faire des Cabannes ſont rares en ce pays la, Ils ſe ſeruent de Joncs qui leur tiennent lieu de murailles et de couuertures, mais qui ne les deffendent pas beaucoup des vents, et bien moins des pluyes quand elles tombent en abondance. La commodité de ces ſortes de Cabannes eſt qu'ils les mettent en pacquetz et les portent aiſément où ils veulent pendant le temps de leur chaſſe.

Lorſque Je les viſitay, je fus extremément conſolé de veoir vne belle Croix plantée au milieu du bourg et ornée de pluſieures peaux blanches, de ceintures rouges, d'arcs et de flêches, que ces bonnes gens auoient offertz au grand Manitou, .(.c'eſt le nom qu'ils donnent a Dieu.). pour le remercier de ce qu'il auoit eu pitié d'eux pendant l'hyuer, leur donnant une chaſſe abondante lorſqu'ils apprehendoient le plus la famine.

Je pris plaiſir de veoir la ſituation de cette bourgade, Elle eſt belle et bien diuertiſſante, car d'une eminence, ſur laquelle elle eſt placée on découure de toutes parts des prairies a perte de veüe, partagées par des bocages, ou par des bois de haute futaÿe: La terre y eſt tres bonne, et rend beaucoup de bled d'inde, Les ſauuages ramaſſent quantité de prunes et de raiſins dont on pourroit faire beaucoup de vin ſi l'on vouloit.

Nous ne fûmes pas pluſtoſt arriuez, que nous aſſemblâmes les Anciens Mr Jollyet et moy, il leur dit qu'il eſtoit enuoyé de la part de Monsr noſtre Gouuerneur pour découurir de Nouueaus paÿs, et moy de la part de Dieu pour les eſclairer des lumieres du St Euangile, qu'aureſte le Maiſtre Souuerain de nos vies vouloit eſtre connu de toutes les Nations, et que pour obéir a ſes volontés, je ne craignois pas la mort a laquelle je m'expoſois dans des Voÿages ſi perilleux. Que nous auions beſoin de deux guides pour nous mettre dans noſtre route ; nous leurs fîmes un preſent, en les priant de nous les accorder, Ce qu'ils firent tres ciuilement et meſme voulurent auſſj nous parler par vn preſent quj fut une Nate pour nous ſeruir de lit pendant tout noſtre Voÿage.

Le lendemain qui fut le dixiéme de Juin, deux Miamis qu'on nous donna pour guides s'embarquerent auec nous, a la veüe d'un grand monde, qui ne pouuoit aſſez s'eſtonner, de ueoir sept françois, ſeuls, et dans deux Canotz oſer entreprendre une Expedition ſi extreſordinaire et ſi hazardeuſe.

Nous ſcauions qua trois lieuës de Maſkoutens eſtoit vne Riuiere qui ſe décharge dans Miſſiſipi ; Nous ſcauions encor que le rund de vent que nous deuions tenir pour y arriuer eſtoit L'oueſt ſoroüeſt, mais le chemin eſt partagé de tant de marais et de petitz lacs, qu'il eſt aiſé de s'y égarer, d'autant plus que la Riuiere qui y méne eſt ſi chargée de folle Auoine, qu'on a peine a en raconnoiſtre le Canal, C'eſt en quoy nous auions bien beſoin de nos deux guides, auſſj nous conduiſirent-ils heureuſement juſqua vn portage de 2700 pas, et nous aiderent a tranſporter nos Canotz pour entrer dans cette riuiere, apres quoy ils s'en retournerent, nous laiſſant ſeuls en ce paÿs Inconnu, entre les mains de la prouidence.

Nous quittons donc les eaux qui uont juſqua Quebeq a 4 ou 500 Lieuës d'icy pour prendre celles qui nous conduiront deſormais dans des terres eſtrangeres. Auant que de nous y embarquer, nous commençâmes tous enſemble une nouuelle deuotion a la Ste Vierge Immaculée que nous pratiquâmes tous les jours, luy adreſſant des prieres particulieres pour mettre ſous ſa protection, et nos perſonnes et le ſuccez de noſtre voÿage, et apres nous eſtre encouragés les vns les autres nous montons en Canot.

La Riuiere ſur laquelle nous nous embarquâmes s'appelle Meſkouſing, elle eſt fort large, ſon fond eſt du ſable, qui fait diuerſes battures leſquelles rendent cette nauigation tres difficile, elle eſt pleine d'Iſles couuertes de vignes; ſur les bords paroiſſent de bonnes terres, entremeſlées de bois de prairies et de coſteaux, on y voit des cheſnes, des noyiers, des bois blancs, et une autre eſpece d'arbres, dontz les branches ſont armées de longues eſpines. Nous n'auons veu ny gibier, ny poiſſon, mais bien des cheurëilz et des vaches en aſſez grande quantité, noſtre Route eſtoit au ſuroüeſt et apres auoir nauigé enuiron 30 lieuës, nous apperceûmes un endroit qui auoit toutes les apparences de mine de fer, et de fait vn de nous qui en a veu autrefois, aſſure que celle que nous auons trouuée, eſt fort bonne et tres abondante, elle eſt couuerte de trois pieds de bonne terre, aſſez proche d'une chaine de rocher, dont le bas eſt plein de fort beau bois, apres 40 lieuës ſur cette meſme route, nous arriuons a l'embouchure de noſtre Riuiere et nous trouuant a 42 degrez et demy d'eſleuation, nous entrons heureusement dans Missisipi le 17e Juin auec vne Joÿe que je ne peux pas expliquer.

Section 4me.

De la grande Riuiere appellée Missisipi ses plus notables particularités, de Diuers Animaux et particulierement des Pisikious ou boeufs sauuages, Leur figure et leur Naturel, des premiers Villages des Ilinois, où les françois arriuent.

NOus uoyla donc sur cette Riuiere si renommée dont iay taché d'en remarquer attentiuement toutes les singularités; La Riuiere de Missisipi tire son origine de diuers lacs qui sont dans le paÿs des peuples du Nord, elle est eſtroitte a ſa décharge de Miſkous; ſon courant qui porte du coſté du ſud eſt lent et paiſible, a la droitte on voiſt vne grande chaiſne de Montagnes fort hautes, et a la gauche de belles terres, elle eſt couppée d'Iſles en diuers endroictz; en ſondant nous auons trouués dix braſſes d'eaux; ſa largeur eſt fort inegale, elle a quelquefois trois quartz de lieuës et quelquefois elle ſe rétreſſit juſqua trois arpent. Nous ſuiuons doucement ſon cours, qui va au ſud et au ſudeſt juſquau 42 degrés d'eleuation. C'eſt icy que nous nous apperceuons bien qu'elle a tout changé de face; Il ny a preſque plus de bois n'y de montagnes, les Iſles ſont plus belles et couuertes de plus beaux arbres; Nous ne voions que des cheureils et des vaches, des outardes et des Cygnes ſans aiſles, parcequ'ils quittent leurs plumes en ce paÿs : Nous rencontrons de temps en temps des poiſſons monſtrueux, vn deſquels donna ſj rudement contre noſtre Canot que je crû que c'eſtoit un gros arbre qui l'alloit mettre en piéces. Vne autrefois nous apperceûmes ſur l'eau vn monſtre qui auoit vne teſte de tygre, le néz pointu comme celuy d'un chat ſauuage, auec la barbe & des oreilles droittes éleuées en haut, la teſte eſtoit grize et le col tout noir, Nous n'en viſmes pas d'auantage. Quand nous auons jetté nos retz a l'eau nous auons pris des Eſturgeons et une eſpece de poiſſon fort extreſordinaire, il reſſemble a la truitte auec cette difference qu'il a la geule plus grande, il a proche du nez qui est plus petit aussj-bien que les yeux vne grande Areste faite comme vn bust de femme, large de trois doigts, long d'une coudée, aubout de laquelle est vn rond large comme la main. Cela l'oblige souuent en saultant hors de leau de tomber en derriere. Estant descendus jusqua 41 degrés 258 minuittes suiuant le mesme rund, nous trouuons que les Cocs d'inde ont pris la place du gibier, et les pisikious ou boeufs sauuages, celle des autres bestes.

Nous les appelons boeufs sauuages, parcequ'ils sont bien semblables a nos boeufs domestiques, ils ne sont pas plus longs mais ils sont pres d'une fois plus gros et plus corpulentz; Nos gens en ayant tué vn trois personnes auoient bien de la peine a le remüer, ils ont la teſte fort groſſe, le front plat et large d'un pied et demy entre les Cornes qui ſont entierement ſemblables a celles de nos boeufs, mais elles ſont noires et beaucoup plus grande, Ils ont ſous le col comme vne grande falle, qui pend en bas et ſur le dos vne boſſe aſſez éleuée. Toute la teſte, le col, et une partie des eſpaules ſont couuertz d'un grand Crin comme celuy des cheuaux, C'eſt une hûre longue d'un pied, qui les rend hideux et leur tombant ſur les yeux les empéche de voir deuant eux; Le reſte du corps eſt reuetu d'un gros poil friſé a peu pres cōme celuy de nos moutons, mais bien plus fort et plus eſpais, il tombe en Eſté et la peau deuient douce comme du velours. C'eſt pourlors que les Sauuages les employÿent pour s'en faire de belles Robbes qu'ils peignent de diuerſes Couleurs ; la chair et la graiſſe des piſikious eſt excellente et fait le meillieur mets des feſtins. Au reſte ils ſont tres méchants et il ne ſe paſſent point d'année qu'ils ne tuent quelque ſauuage. Quand on uient les attaquer, ils prennent s'ils peuuent un homme auec leurs cornes, l'enleuent en l'air puis ils le jettent contre terre, le foulent des pieds et le tuent, Si on tire de loing ſur eux ou de l arc ou du fuſil, il faut ſi toſt apres le coup ſe jetter par terre et ſe cacher dans l'herbe, Car s'ils apercoiuent celuy qui a tiré, ils courent apres et le vont attaquer, Comme ils ont les piéds gros et aſſez courtz ils ne vont pas bien viſte pour l'ordinaire, ſi ce n'eſt lorſqu'ils ſont irritez.

Ils ſont eſpars dans les prairies comme des troupeaux j'en ay veu vne bande de 400.

Nous auancons touſjours mais comme nous ne ſcauions pas où nous allions ayant fait déia plus de Cent lieuës ſans auoir rien découuert que des beſtes et des oÿſeaux, nous nous tenons bien ſur nos gardes; C'eſt pourquoy nous ne faiſons qu'un petit feu a terre ſur le ſoir pour preparer nos repas, et apres ſoûper nous nous en éloignons le plus que nous pouuons, et nous allons paſſer la nuict dans nos Canotz que nous tenons a l'ancre ſur la riuiere aſſez loing des bords; Ce qui n'empéche pas que qu'elquun de nous ne ſoit touſjour en ſentinelle de peur de ſurpriſe. Allant par le ſud et le ſud ſuroüeſt nous nous trouuons a la hauteur de 41 degréz et jusqua 40 degrez quelques minutes en partie par sudest et en partie par le suroüest, Apres auoir auancé plus de 60 lieuës depuis nostre entrée dans la Riuiere sans rien découurir.

Enfin le 25e Juin nous aperceûmes sur le bord de leau des pistes d'hommes, et un petit sentier asséz battu qui entroit dans une belle prairie. Nous nous arrestâmes pour l'examiner, et jugeant que cestoit un chemin qui conduisoit a quelque uillage de sauuages, nous prîmes resolution de l'aller reconnoistre ; nous laissons donc nos deux Canotz sous la garde de nos gens, leur recommandant bien de ne se pas laisser surprendre, apres quoy Mr Jollyet et moy entreprîmes cette découuerte asséz hazardeuse pour deux hommes ſeuls qui s'expoſent a la diſcretion d'un peuple barbare et Inconnu. Nous ſuiuons en ſilence ce petit ſentier, et apres auoir fait enuiron 2 lieuës, nous découurîmes vn village ſur le bord d'une riuiere, et deux autres ſur vn Coſteau eſcarté du premier d'une demi lieüe, Ce fut pour lors que nous nous recommandâmes a Dieu de bon Coeur, et ayant jmploré ſon ſecours, nous paſſâmes outre ſans étre découuerts et nous vinſmes ſi prés que nous entendions meſme parler les Sauuages. Nous crûmes donc qu'il eſtoit temps de nous découurir, ce que nous fiſmes par vn Cry que nous pouſſâmes de toutes nos forces, en nous arreſtant ſans plus auancer. A ce cry les ſauuages ſortent promptement de leurs Cabanes et nous ayant probablement reconnus pour françois, ſurtout voÿant une robe noire, ou du moins n'ayant aucun ſujeſt de deffiance, puiſque nous n'eſtions que deux hommes, et que nous les auions aduertis de noſtre arriuée, ils députerent quattre vieillards, pour nous venir parler, dontz deux portoient des pipes a prendre du tabac, bien ornées et Empanachées de diuers plumages, ils marchoient a petit pas, et éleuant leurs pipes vers le ſoleil, ils ſembloient luy preſenter a fumer, ſans neamoins dire aucun mot. Ils furent aſſez longtemps a faire le peu de chemin depuis leur Village juſqu'a nous. Enfin nous ayant abordés, ils s'arreſterent pour nous conſiderer auec attention ; Je me r'aſſuray, voÿant ces Ceremoniës qui ne ſe font parmy eux qu'entr'amys, et bien plus quand je les vis couuertz d éſtoffe, jugeant par la quils eſtoient de nos alliez. Je leurs parlay donc le premier, et Je leurs demandaÿ qui ils eſtoient, ils me répondirent qu'ils eſtoient Ilinois, et pour marque de paix ils nous preſenterent leur pipe pour petuner, Enſuitte ils nous inuiterent d'entrer dans leur Village, où tout le peuple nous attendoit auec impatience. Ces pipes a prendre du tabac s'appellent en ce paÿs des Calumetz; ce mot s'y eſt mit tellement en vſage que pour eſtre entendu je feraÿ obligé de m'en ſeruir ayant a en parler bien des fois.

SECTION 5e.

Comment les Ilinois receurent le Pere dans leur Bourgade.

A La Porte de la Cabane où nous deuions eſtre receus, eſtoit un Vielliard qui nous attendoit dans une poſture aſſez ſurprenante qui eſt la Ceremonie qu'ils gardent quand ils recoiuent des Eſtrangers. Cet homme eſtoit debout et tout nud, tenant ſes mains eſtendus et leuées vers le Soleil, comme s'il eut voulu ſe deffendre de ſes raÿons, leſquels neamoins paſſoient ſur ſon viſage entre ſes doigts; quand nous fuſmes proches de luy il nous fit ce Compliment; Que le Soleil eſt beau, françois, quand tu nous viens uiſiter, tout noſtre bourg t'attend, et tu entreras en paix dans toute nos Cabanes. Cela dit, il nous introduiſit dans la ſienne, où il y auoit vne foule de monde qui nous deuoroit des yeux, qui cependant gardoit un profond ſilence, on entendoit neamoins ces paroles qu'on nous addreſſoit de temps en temps et d'une voix baſſe, que voyla qui eſt bien, Mes freres de ce que vous nous viſitez.

Apres que Nous euſmes pris place, on nous fit la ciuilité ordinaire du paÿs, qui eſt de nous preſenter le Calumet, il ne faut pas le refuſer, ſi on ne veut paſſer pour Ennemy ou du moins pour inciuil, pourueuqu'on faſſe ſemblant de fumer c'eſt aſſez; pendant que tous les anciens petunoient apres Nous pour nous honorer, on vient nous inuiter de la part du grand Capitaine de tous les Ilinois de nous tranſporter en ſa Bourgade, ou il vouloit tenir Conſeil auec nous. Nous y allâmes en bonne Compagnie, car tous ces peuples qui n'aùoient jamais veu de françois chez eux ne ſe laſſoient point de nous regarder, ils ſe couchoient ſur l'herbe le long des chemins, ils nous deuançoient, puis ils retournoient ſur leurs pas, pour nous venir voir encor Tout cela ſe faiſoit ſans bruit et auec les marques d'un grand reſpect qu'ils auoient pour nous.

Eſtant arriuez au Bourg du grand Capitaine, Nous le viſmes a l'entrée de la Cabanne, au milieu de deux vielliards, tous trois debout et nud tenant leur Calumet tourné vers le ſoleil, il nous harangua en peu de motz, nous felicitant de noſtre arriuée, il nous preſenta enſuitte ſon Calumet et nous fit fumer, en meſme temps que nous entrions dans ſa Cabanne, où nous receumes toutes leurs Careſſes ordinaires.

Voÿant tout le monde aſſemblé et dans le ſilence, Je leur parlay par quattre preſents que je leur fis, par le premier je leur diſois que nous marchions en paix pour uiſiter les nations qui eſtoient ſur la Riuiere juſqu'a la Mer. Par le ſecond je leur declaray, que Dieu qui les a Creés auoit pitié d'eux, puiſqu'apres tant de temps qu'il L'ont ignoré, il uouloit ſe faire connoiſtre a tous ces peuples, que j eſtois enuoyé de ſa part pour ce deſſein, que c'eſtoit a eux a le reconnoiſtre et a luy obéir. Par le troisiéme que le grand Capitaine des françois leur faisoit sçauoir, que c'estoit luy qui mettoit la paix partout et qui auoit dompté l'Iroquois. Enfin par le quatriéme nous les prions de nous donner toutes les connoissances qu'ils auoient de la Mer, et des Nations par lesquelles nous deuions passer pour y arriuer.

Quand j eu finÿ mon discour, le Capitaine se leua, et tenant la main sur la teste d'un petit Esclaue qu'il nous vouloit donner il parla ainsj. Je te remercy Robe Noire, et toy françois s'adressant a Mr Jollyet, de ce que vous prenez tant de peine pour nous venir visiter, jamais la terre n'a esté si belle ny le soleil si éclatant qu'aujourd'huy; Jamais nostre riuiere n'a este si calme, n'y si nette de rochers que vos Canotz ont enleuées en paſſant, jamais noſtre petun n'a eü ſi bon gouſt, n'y nos bléds n'ont paru ſi beaux que nous les voions maintenant. Voicy mon fils que je te donne pour te faire connoiſtre mon Coeur, je te prie d'auoir pitié de moy, et de toute ma Nation, C'eſt toy qui connoiſt le grand Genie qui nous a tous faits, C'eſt toy qui Luy parle et quj eſcoute ſa parole, demande Luy qu'il me donne la vie et la ſanté, et uient demeurer auec nous, pour nous Le faire connoiſtre. Cela dit, il mit le petit Eſclaue proche de nous, et nous fit un ſecond preſent, qui eſtoit un Calumet tout myſterieux, dont ils font plus d'eſtat que d'un Eſclaue; il nous témoignoit par ce preſent l'eſtime qu'il faiſoit de

Monſieur noſtre Gouuerneur, ſur le recit que nous luy en auions fait ; et pour un troiſiéme il nous prioit de la part de toute ſa Nation, de ne pas paſſer oultre, a cauſe des grands dangers où nous nous expoſions.

Je répondis, que je ne craignois point la mort, et que je n'eſtimois point de plus grand bonheur que de perdre la vie pour la gloire de Celuy qui a tout fait. C'eſt ce que ces pauures peuples ne peuuent comprendre.

Le Conſeil fut ſuiuÿ d'un grand feſtin qui conſiſtoit en quattre metz, qu'il fallut prendre auec toutes leurs façons, Le premier ſeruice fut un grand plat de bois plein de Sagamité, ceſt-adire de farine de bled d'inde qu'on fait boüillir auec de l eau qu'on aſſaiſonne de graiſſe. Le Maiſtre des Ceremonies auec vne cueillier pleine de Sagamité me la preſenta a la bouche par trois ou 4 fois, comme on feroit a vn petit Enfant, il fit le meſme a Mr Jollyet. Pour ſecond metz il fit paroiſtre un ſecond plat où il y auoit trois poiſſons, il en prit quelques morceaux pour en oſter les areſtes, et ayant ſoufflé deſſus pour les rafraichir, il nous les mit a la bouche, comme l'on donneroit la beſchée a un oyſeau. On apporte pour troiſiéme ſeruice vn grand chien, qu'on venoit de tuer, mais ayant appris que nous n'en mangions point, on le retira de deuant nous. Enfin le 4e fut une piéce de boeuf ſauuage, dont on nous mit a la bouche les morceaux les plus gras.

Apres ce feſtin il fallut aller

uiſiter tout le village, qui eſt bien compoſé de 300 Cabannes; pendant que nous marchions par les Rües, vn orateur haranguoit continuellement pour obliger tout le monde a nous voir ſans nous eſtre Importuns; on nous preſentoit partout des Ceintures, des jartieres et autres ouurages faits de poil d'ours et de boeuf, et teins en rouge, en jaune, et en gris, Ce ſont toutes les raretéz qu'ils ont. Comme elles ne ſont pas bien conſiderables, nous ne nous en chargeames point.

Nous couchâmes dans la Cabane du Capitaine, et le lendemain nous priſmes congé de luy, promettant de repaſſer par ſon bourg dans quatre lunes. Il nous conduiſit juſqua nos Canotz auec pres de 600 perſonnes, qui nous uirent embarquer, nous donnant toutes les marques qu'ils pouuoient de la joyë que noſtre viſite leur auoit cauſée. Je m'engageaÿ en mon particulier, en leur diſant a Dieu que je viendrois l'an prochain demeurer auec eux pour les jnſtruire. Mais auant que de quitter le paÿs des Ilinois il eſt bon que je rapporte ce que j ay reconnu de leurs Couſtûmes et façons de faire.

Section 6eme.

Du naturel des Ilinois, De leurs moeurs & de leurs Couſtumes, de l'eſtime qu'ils ont pour le Calumet ou pipe a prendre du Tabac, et de la danſe qu'ils font en ſon honneur.

QUi dit Ilinois, c'eſt comme qui diroit en leur langue,

les hommes, Comme ſi les autres Sauuages, aupres d'eux ne paſſoient que pour des beſtes, auſſj faut il aduoüer qu'ils ont un air d'humanité que nous n'auons pas remarqué dans les autres nations que nous auons veuës ſur noſtre route. Le peu de ſéjour que j'ay fait parmy eux ne m'a pas permis de prendre toutes les Connoiſſances que j'aurois ſouhaité; de toutes leurs façons de faire uoicy ce que j'en ay remarqué.

Ils ſont diuiſés en pluſieures bourgades dont quelques unes ſont aſſés éloignées de celle dont nous parlons qui s'appelle peoüarea, Ceſt ce qui met de la difference en leur langue laquelle vniuerſellement tient de l'allegonquin deſorteque nous nous entendions facilement les vns les autres. Leur naturel eſt doux et traitable, nous l'auons experimenté dans la reception qu'il nous ont faitte. Ils ont pluſieurs femmes dontz ils ſont extremement jaloux, ils les veillent auec vn grand ſoin et ils leurs couppent le néz ou les oreilles quand elles ne ſont pas ſages, j'en ay veu pluſieures qui portoient les marques de leurs déſordres. Ils ont le corps bien fait, ils ſont leſtes et fort adroits, a tirer de l'arc et de la flêche, Ils ſe ſeruent auſſj des fuſils qu'ils acheptent des ſauuages nos alliés qui ont Commerce auec nos françois; Ils en uſent particulierement pour donner l épouuante par le bruit et par la fumée a leurs Ennemys, qui n'en n'ont point l uſage, et n'en ont jamais veu pour eſtre trop éloigné vers le couchant. Ils ſont belliqueux et ſe rendent redoutables aux peuples éloignés du Sud et de L oüeſt où ils uont faire des Eſclaues, deſquels ils ſe ſeruent pour trafiquer, les vendant cherement a d'autres Nations, pour d'autres Marchandiſes. Ces Sauuages ſj eloignes chez qui ils uont en guerre n'ont aucune connoiſſance d'Europeans ; ils ne ſcauent ce que c'eſt ny de fer n'y de cuiure, et n'ont que des Couſteaux de Pierre. Quand les Ilinois partent pour aller en guerre, il faut que tout le bourg en ſoit aduertÿ par le grand Cry qu'ils font a la porte de leurs Cabanes, le Soir et le Matin auant que de partir. Les Capitaines ſe diſtinguent des Soldatz par des eſcharpes rouges qu'ils portent, elles ſont faittes de crin d'ours et du poil de boeufs ſauuages auec aſſés d'Induſtrie, ils ſe peignent le uiſage d'un rouge de ſanguine, dont il y a grande quantité a quelques journées du bourg. Ils uiuent de chaſſe, qui eſt abondante en ce paÿs et de bled d'inde dont ils font touſjour une bonne recolte, auſſj n'ont-ils jamais ſouffert de famine, ils ſement auſſj des febues et des melons qui ſont excellentz, ſurtout ceux qui ont la graine rouge, leurs Citrouilles ne ſont pas des meillieures, ils les font ſecher au ſoleil pour les manger pendant l'hyuer et le primptemps, leurs Cabanes ſont fort grandes, elles ſont couuertes et pauées de nattes faittes de Joncs; Ils trouuent toutes leurs Vaiſſelle dans le bois et leurs Cuilliers dans la teſte des boeufs dontz ils ſcauent ſi bien accommoder le Crane quils s'en ſeruent pour manger aiſement leur Sagamité.

Ils ſont liberaux dans leurs maladies, et croÿent que les medicamens qu'on leurs donne, operent a proportion des preſens qu'ils auront fais au medecin. Ils n'ont que des peaux pour habitz, les femmes ſont touſjours veſtuës fort modeſtement et dans une grande bien ſeance, aulieu que les hommes ne ſe mettent pas en peine de ſe couurir. Je ne ſcais par quelle ſuperſtition quelques Ilinois, auſſibien que quelques Nadouëſſi, eſtant encor jeunes prennent l'habit des femmes qu'ils gardent toute leur vie. Il y a du myſtere; Car ils ne ſe marient jamais, et font gloire de s'abbaiſſer a faire tout ce que font les femmes ; ils uont pourtant en guerre, mais ils ne peuuent ſe ſeruir que de la maſſuë, et non pas de l'arc n'y de la flêche qui ſont les armes propres des hommes, ils aſſiſtent a toutes les jongleriës et aux danſes ſolemnelles qui ſe font a l'honneur du Calumet, ils y chantent mais ils n'y peuuent pas danſer, ils ſont appellés aux Conſeils, ou l'on ne peut rien decider ſans leurs aduis ; Enfin par la profeſſion qu'ils font d'une vie Extreſordinaire, ils paſſent pour des Manitous C'eſt a dire pour des Genies ou des perſonnes de Conſequence.

Il ne reſte plus qu'a parler du Calumet, il n'eſt rien parmy eux ny de plus myſterieux n'y de plus recommandable, on ne rend pas tant dhonneur aux Couronnes et aux Sceptres des Roÿs qu'ils luy en rendent ; il ſemble eſtre le dieu de la paix et de la guerre, l'Arbitre de la vie et de la mort. C'eſt aſſez de le porter ſur ſoy et de le faire voir pour marcher en aſſurance au milieu des Ennemÿs, qui dans le fort du Combat mettent bas les armes quand on le montre. C'eſt pour cela que les Ilinois m'en donnerent un pour me ſeruir de Sauuegarde parmy toutes les Nations par leſquelles je deuois paſſer dans mon uoÿage. Il y a un Calumet pour la paix et un pour la guerre, qui ne ſont diſtingués que par la Couleur des plumages dontz ils ſont ornés. Le Rouge eſt marque de guerre, ils s'en seruent encor pour terminer leur differents, pour affermir leurs alliances et pour parler aux Eſtrangers.

Il eſt compoſé d'une pierre rouge polie comme du marbre et percée d'une telle façon qu'un bout ſert a receuoir le tabac et l'autre s'enclaue dans le manche, qui eſt un baſton de deux pieds de long, gros comme une canne ordinaire et percé par le milieu; il eſt embelly de la teſte et du col de diuers oyſeaux, dont le plumage eſt tres beau; ils y ajoûtent auſſj de grandes plumes rouges, vertes et d'autres couleurs, dont il eſt tout empanaché; ils en font eſtat particulièrement, parcequ'ils le regardent comme le Calumet du Soleil; et de fait, ils le luy preſentent pour fumer quand ils veulent obtenir du calme, ou de la pluye, ou du beau temps. Ils font ſcrupule de ſe baigner au commencement de l'Eſté, ou de manger des fruicts nouueaux qu'apres l'a-uoir danſé. En voicy la façon.

La danſe du Calumet, qui eſt fort celebre parmy ces peuples, ne ſe fait que pour des ſujets conſi-derables ; quelquefois c'eſt pour affermir la paix, ou ſe réünir pour quelque grande guerre ; C'eſt d'autres fois pour une réjouïſſance publique, tantoſt on en fait hon-neur a une Nation qu'on inuite d'y aſſiſter, tantoſt ils s'en ſeruent a la reception de quelque perſonne conſiderable, comme s'ils vouloient luy donner le diuertiſſement du Bal ou de la Comedie ; l'Hyuer la ceremonie ſe fait dans une Ca-bane, l'Eſté c'eſt en raze cam-pagne. La place étant choiſie, on l'enuironne tout a l'entour d'arbres pour mettre tout le monde a l'ombre de leurs feüillages, pour ſe defendre des chaleurs du Soleil; on étend une grande natte de joncs peinte de diuerſes couleurs au milieu de la place; elle ſert comme de tapis pour mettre deſſus auec honneur le Dieu de celuy qui fait la Danſe; car chacun a le ſien, qu'ils appellent leur Manitou, c'eſt un ſerpent ou un oyſeau, ou une pierre ou choſe ſemblable, qu'ils ont reſué en dormant et en qui ils mettent toute leur confiance pour le ſuccez de leur guerre, de leur peſche et de leur chaſſe; prés de ce Manitou, et a ſa droite, on met le Calumet en l'honneur de qui ſe fait la feſte, et tout a l'entour on fait comme une trophée, et on étend les armes dont ſe ſeruent les guerriers de ces Nations, ſçauoir la maſſüe, la hache d'arme, l'arc, le carqois et les flêches.

Les choſes eſtant ainſi diſpoſées et l'heure de la Danſe approchant, ceux qui ſont nommez pour chanter prennent la place la plus honorable ſoubs les feüillages ; ce ſont les hommes et les femmes qui ont les plus belles voix, et qui s'accordent parfaitement bien enſemble ; tout le monde vient enſuite ſe placer en rond ſoubs les branches, mais chacun en arriuant doit ſalüer le Manitou, ce qu'il fait en petunant et jettant de ſa bouche la fumée ſur luy, comme s'il luy preſentoit de l'encens ; chacun va d'abord auec reſpect prendre le Calumet, et le ſoûtenant des deux mains, il le fait danſer en cadence, s'accordant bien auec l'air des chanſons ; il luy fait faire des figures bien differentes, tantoſt il le fait voir a toute l'aſſemblée ſe tournant de coté et d'autre ; apres cela, celuy qui doit commencer la Danſe paroiſt au milieu de l'aſſemblée, et va d'abord, et tantoſt il le preſente au Soleil, comme s'il le vouloit faire fumer, tantoſt il l'incline vers la terre, d'autres fois il luy étend les aiſles comme pour voler, d'autres fois il l'approche de la bouche des aſſiſtans, afin qu'ils fument, le tout en cadence ; et c'eſt comme la premiere Scene du Ballet.

La ſeconde conſiſte en un Combat qui ſe fait au ſon d'une eſpece de tambour, qui ſuccede aux chanſons, ou meſme qui s'y joignant, s'accordent fort bien enſemble ; le Danſeur fait ſigne a quelque guerrier de venir prendre les armes qui ſont ſur la natte, et l'inuite a ſe battre au ſon des tambours ;

celuy-cy s'approche, prend l'arc et la flêche, auec la hache d'armes, et commence le duël contre l'autre, qui n'a point d'autre défenſe que le Calumet. Ce ſpectacle eſt fort agreable, ſurtout le faiſant toûjours en cadence ; car l'un attaque, l'autre ſe deffend ; l'un porte des coups, l'autre les pare ; l'un fuit, l'autre le pourſuit, et puis celuy qui fuyoit tourne viſage et fait fuïr ſon ennemy ; ce qui ſe paſſe ſi bien par meſure et à pas comptez et au ſon réglé des voix et des tambours, que cela pourroit paſſer pour une aſſez belle entrée de Ballet en France. La troiſieme Scene conſiſte en un grand Diſcours que fait celuy qui tient le Calumet, car le Combat eſtant fini ſans ſang répandu, il raconte les batailles oú il s'eſt trouué, les victoires qu'il a remportées; il nomme les Nations, les lieux et les Captifs qu'il a faits; et pour recompense celuy qui preside a la Danse luy fait present d'une belle robe de Castor, ou de quelqu'autre chose et l'ayant receu il va presenter le Calumet à un autre, celuy-cy à un trosième, et ainsj de tous les autres, jusques à ce que tous ayant fait leur deuoir, le President fait present du Calumet mesme à la Nation qui a esté inuitée à cette Ceremonie, pour marque de la paix eternelle qui sera entre les deux peuples.

Voicy quelqu'une des Chansons qu'ils ont coûtume de chanter, ils leur donnent vn certain tour qu'on ne peut assez exprimer par la Notte, qui neanmoins en fait toute la grace.

Ninahani, ninahani, ninahani, nani ongo.

SECTION 7eme.

Depart du Pere des Ilinois : des Monſtres en peinture qu'il a veu ſur la grande Riuiere Miſſiſipi : de la riuiere Pekitanouï. Continuation du Voÿage.

NOus prenons congé de nos Ilinois ſur la fin de Juin, vers les trois heures apres midy, nous nous embarquons à la veuë de tous ces peuples, qui admiroient nos petits Canotz, n'en ayant jamais veu de ſemblables.

Nous deſcendons ſuiuant le courant de la riuiere appellée Pekitanouï, qui ſe décharge dans Miſſiſipi venant du Nord-Oüeſt, de laquelle j'ay quelque choſe de conſiderable à dire, apres que j'auray raconté ce que j'ay remarqué ſur cette riuiere.

Paſſant proche des rochers aſſez hautz qui bordent la riuiere, J'j apperceu vn ſimple qui m'a paru fort extraordinair. La racine eſt ſemblable a des petitz naueaux attachez les vns aux autres par des petitz filetz qui ont le gout de Carote; de cette racine ſort une feuille large comme la main eſ-paiſſes d'un demy doigt auec des taches au milieu, de cette feuille, naiſſent d'autres feuilles ſemblables aux plaques qui ſeruent de flambeaux dans nos Sales, et chaſque feuille porte cinq ou ſix fleurs jaunes en forme de Clochettes.

Nous trouuâmes quantité de meures auſſj groſſes que celle de france, et un petit fruiɛ̃t que nous priſmes d'abord pour des oliues, mais il auoit le gout d'orange, et un aultre fruit gros comme vn oeuf de poule, nous la fendiſmes en deux, et parurent deux ſeparations, dans chaſqu'une deſquelles il y a 8 ou 10 fruitz enchaſſés, ils ont la figure d'amande et ſont fort bons quand ils ſont meurs; L'arbre neamoins qui les porte a tres mauuaiſe odeur, et ſa feuille reſſemble a celle de Noÿer; il ſe trouue auſſj dans les prairies un fruit ſemblable a des Noiſettes mais plus tendre; Les feuilles ſont fort grandes, et uiennent d'une tige aubout de laquelle eſt une teſte ſemblable a celle d'un tourneſol, dans laquelle toutes ſes Noiſettes ſont proprement arrangées, elles ſont fort bonnes et Cuites et Cruës.

Comme nous cottoions des rochers affreux pour leur haulteur et pour leur longeur; Nous viſmes ſur un de ſes rochers deux monſtres en peinture qui Nous firent peur d'abord et ſur leſquels les ſauuages les plus hardys n'oſent pas arreſter longtemps les yeux ; ils ſont gros comme vn veau, ils ont des Cornes en teſte comme des cheureils ; un regard affreux, des yeux rouges, une barbe comme d'un Tygre, la face a quelque choſe de l homme, le corps couuert de cailles, et la queuë ſi longue qu'elle fait tout le tour du Corps paſſant pardeſſus la teſte et retournant entre les jambes elle ſe termine en queuë de Poiſſon. Le vert, le rouge et le noiraſtre ſont les trois Couleurs qui le compoſent. Au reſte ces 2 monſtres ſont ſi bien peint que nous ne pouuons pas croire qu'aucun Sauuage en ſoit l'autheur, puiſque les bons peintres en france auroient peine a ſi bien faire, ueuque d'aillieur ils ſont ſi hauts ſur le rocher qu'il eſt difficile d'y atteindre commodément pour les peindre. Voicy a peu pres la figure de ces monſtres comme nous l'auons contretirée.

Comme nous entretenions ſur ces monſtres, uoguant paiſiblement dans vne belle eau claire et dormante nous entendiſme le bruit d'un rapide, dans lequel nous allions tomber. Je n'ay rien veu de plus affreux, vn ambaras de gros arbres entiers, de branches, d,iſletz flotans, ſortoit de l embouchure de la riuiere pekitanouï auec tant d'impetuoſité qu'on ne pouuoit s'expoſer a paſſer autrauers ſans grand danger. L agitation eſtoit telle que l'eau en eſtoit toute boüeuſe, et ne pouuoit ſépurer.

Pekitanouï eſt une riuiere conſiderable qui venant d'aſſez loing du coſté du Noroüeſt, ſe décharge dans Miſſiſipi, pluſieures Bourgades de Sauuages ſont placées le long de cette riuiere, et j eſpere par ſon moyen faire la découuerte de la mer Vermeille ou de Californie.

Nous jugeons bien par le Rund de Vent que tient Miſſiſipi, ſi elle continuë dans la meſme route, qu'elle a ſa décharge dans le golphe mexique ; il ſeroit bien aduantageux de trouuer celle qui conduit a la mer du Sud, vers la Californie, et c'eſt comme j ay dit ce que j'eſpere de rencontrer par Pekitanouï, ſuiuant le rapport que m'en ont fait les Sauuages, deſquels j ay appris qu'en refoullant cette riuiere pendant 5 ou 6

Journées on trouue vne belle prairie de 20 ou 30 lieuës de long, il faut la trauerſer allant au Noroüeſt, elle ſe termine a vne autre petite riuiere, ſur laquelle on peut s'embarquer, n'étant pas bien difficile de tranſporter les Canotz par vn ſi beau paÿs tel qu'eſt cette prairie. Cette 2de Riuiere a ſon cours vers le Suroüeſt pendant 10 ou 15 lieuës, apres quoy elle entre dans un petit Lac qui eſt la ſource d'vne autre riuiere profonde laquelle va au Couchant, où elle ſe jette dans la Mer. Je ne doubte preſque point que ce ne ſoit la mer Vermeille, et je ne deſeſpere pas d'en faire un jour la découuerte, ſi Dieu m'en fait la grace et me donne la ſanté affin de pouuoir publier l'Euangile a tous les peuples de ce nouueau monde, qui ont croupi ſi longtemps dans les tenebres de l'infidelité.

Reprenons noſtre Route apres nous eſtre eſchapés comme nous auons pû de ce dangereux rapide cauſé par l'ambaras dont j ay parlé.

SECTION 8eme.

Des Nouueaux pays que le Pere découure : Diuerſes particularités. Rencontre de quelques Sauuages ; premieres Nouuelles de la mer et des Europeans. Grand danger euité par le moÿen du Calumet.

APres auoir fait enuiron 20 lieuës droit au Sud et un peu moins au Sudeſt nous nous trouuons a vne riuiere nommée oüaboukigou dont l embouchure eſt par les 36 degrez d'éleuation.

Auant que d'y arriuer nous paſſons par vn lieu redoutable aux Sauuages, parcequ'ils eſtiment qu'il y a vn manitou C'eſt a dire un demon qui deuore les paſſans, et c'eſt de quoy nous menaçoient les Sauuages qui nous vouloient détourner de noſtre Entrepriſe. Voicy ce demon, ceſt une petite anſe de rochers haulte de 20 pieds où ſe dégorge tout le courant de la riuiere lequel eſtant repouſſé contre celuy qui le ſuit et arreſté par une Iſle qui eſt proche, eſt contraint de paſſer par un petit Canal, ce qui ne ſe fait pas ſans un furieux Combat de toutes ces eaux qui rebrouſſent les unes ſur les autres et ſans un grand tintamarre qui donne de la terreur a des ſauuages qui craignent tout.

Mais cela ne nous empéche

point de paſſer et d'arriuer a 8ab8kig8. Cette riuiere vient des terres du Leuant où ſont les peuples qu'on appelle Chaoüanons, en ſi grand nombre, qu'en un quartier on compte juſqua 23 uillage et 15 en vn aultre, aſſez proches les uns des aultres ; ils ne ſont nullement guerriers, et ce ſont ces peuples que les Iroquois uont chercher ſi loing pour leur faire la guerre ſans aucun ſujet, et parceque ces pauures gens ne ſcauent pas ſe deffendre, ils ſe laiſſent prendre et emmener comme des trouppeaux, et tout jnnocents qu'ils ſont, ils ne laiſſent pas de reſſentir quelque fois la barbarie des Iroquois qui les bouſlent cruellement.

Vn peu au deſſus de cette riuiere dont je uiens de parler

ſont des falaiſes ou nos françois ont apperceu une mine de fer, qu'ils jugent tres abondante, il y en a pluſieures veines et un lit d'un pied de hauteur ; on en uoit de gros morceaux liéz auec des Cailloux. Il s'y trouue d'une terre graſſe de trois ſortes de Couleurs, de pourpre, de uiolet et des Rouges, L'eau dans laquelle on l'a laue prend la Couleur de ſang. Il y a auſſj d'un ſable rouge fort peſant, J en mis ſur vn auiron qui en prit la Couleur ſi fortement, que l'eau ne la pût effacer pendant 15 jours que je m'en ſeruois pour nager.

C'eſt icy que nous commencons a voir des Cannes ou gros roſeaux qui ſont ſur le bord de la riuiere, elles ont un uert fort agreable, tous les noeuds ſont couronnéz de feüilles longues, eſtroittes et pointuës, elles ſont fort hautes et en ſi grande quantité que les boeufs ſauuages ont peine de les forcer.

Juſqu a preſent nous n'auions point eſtéz incommodés des maringuoins, mais nous entrons comme dans leur paÿs. Voicy ce que font les Sauuages de ces quartiers pour s'en déffendre; ils eleuent un Eſchaffault dont le plancher n'eſt fait que de perches, et parconſequent eſt percé ajour affin que la fumée du feu qu'ils font deſſous paſſe autrauers et chaſſe ces petitz animaux qui ne la peuuent ſupporter, on ſe couche ſur ces perches au deſſus deſquelles ſont des eſcorces eſtenduës contre la pluÿe: Cet eſchaffault leur ſert encor contre les chaleurs exceſſiues et Inſupportables de ce paÿs, Car on s'y met a l'ombre a l'eſtage d'enbas, et on s'y garantit des raÿons du Soleil, prenant le frais du uent qui paſſe librement au-trauers de cet Eſchafault.

Dans le meſme deſſein nous fuſmes contraincts de faire ſur l'eau une eſpece de Cabane auec nos voiles pour nous mettre a couuert et des maringouins et des raÿons du Soleil, comme nous nous laiſſions aller en cet eſtat au gré de l'eau, nous apperceumes a terre des Sauuages armez de fuſils auec leſquels ils nous attendoient, Je leur preſentay d'abord mon Calumet empanaché, pendantque nos françois ſe mettent en deffenſe, et attendoient a tirer, que les Sauuages euſſent fait la premiere décharge, je leur parlay en huron, mais ils me repondirent par un mot qui me sembloit nous declarer la guerre, ils auoient neamoins autant de peur que nous, et ce que nous prenions pour signal de guerre, estoit une Inuitation qu'ils nous faisôit de nous approcher, pour nous donner a manger; Nous débarquons donc et nous entrons dans leur Cabanes où ils nous presentent du boeuf sauuage et de l'huile d'ours, auec des prunes blanches qui sont tres excellentes. Ils ont des fusils, des haches, des houës, des cousteaux, de la rassade, des bouteilles de verre double ou ils mettent leur poudre, ils ont les cheueux longs et se marquent par le corps a la façon des hiroquois, les femmes sont coiffées et vestuës a la facon des huronnes, ils nous assurerent qu'ils n'y auoit plus que dix journées jusqu a la mer, qu'ils acheptoient les eſtoffes et toutes autres marchandiſes des Europeans qui eſtoient du coſté de l'Eſt, que ces Europeans auoient des chapeletz et des images, qu'ils joüoient des Inſtrumentz, qu'il y en auoit qui eſtoient faitz comme moy, et qu'ils en eſtoient bien receu; Cependant je ne vis perſonne qui me parut auoir receu aucune inſtruction pour la foÿ, je leurs en donnay ce que je pûs auec quelques medailles.

Ces nouuelles animerent nos Courages et nous firent prendre l'auiron auec vne Nouuelle ardeur. Nous auançons donc, et nous ne voions plus tant de prairiës parceque les 2 Coſtéz de la riuiere ſont bordéz de hauts bois. Les Cottonniers, les ormes, et les bois blancs y ſont admirables pour leur haulteur et leur groſſeur. La grande quantité de boeufs ſauuages que nous entendions meugler nous fait croire que les prairies ſont proches, nous uoions auſſj des Cailles ſur le bord de l'eau, Nous auons tué un petit perroquet qui auoit la moitié de la teſte rouge l'autre et le col jaune et tout le corps vert. Nous eſtions deſcendus proche des 33 degréz d'eſleuation ayant preſque touſjour eſté vers le Sud, quand nous apperceûmes un village ſur le bord de l'eau nommé Mitchigamea ; Nous euſmes recours a noſtre Patrone et a noſtre Conductrice la Ste VIERGE IMMACULÉE, et nous auions bien beſoin de ſon aſſiſtance, Car nous entendiſmes de loing les Sauuages qui s'animoient au Combat par leurs Crÿs continuels, jls eſtoient armés d'arcs, de flêches, de haches, de maſſuës et de boucliers, ils ſe mirent en eſtat de nous attaquer par terre et par eau, une partie s'embarque dans de grands Canotz de bois, les uns pour monter la riuiere, les autres pour la deſcendre, affin de nous coupper chemin, et nous enuelopper de tous Coſtez ; Ceux qui eſtoient a terre alloient et venoient comme pour commencer l'attaque, De ffait de Jeûnes hommes ſe jetterent a leau, pour ſe venir ſaiſir de mon Canot, mais le Courant les aÿant contraint de reprendre terre, vn d'eux nous jetta ſa maſſuë qui paſſa pardeſſus nous ſans nous frapper ; J'auois beau montrer le Calumet, et leur faire ſigne par geſtes que nous ne venions pas en guerre, L'alarme continuoit touſjour et l'on ſe preparoit déia a nous percer de flêches de toutes parts, quand Dieu toucha ſoû-dainement le Coeur des Vielliards qui eſtoient ſur le bord de leau ſans doubte par la veuë de noſtre Calumet qu'ils n'auoient pas bien reconnu de loing, mais comme je ne ceſſois de le faire paroiſtre, ils en furent touchez, arreſterent l'ar-deur de leur Jeuneſſe, et meſme deux de ces anciens ayant jettez dans noſtre Canot comme a nos pieds leurs arcs et leurs carquois pour nous mettre en aſſeurance, ils y entrerent et nous firent ap-procher de terre, où nous debar-quâmes n'on pas ſans Crainte de noſtre part. Il fallut au Commen-cement parler par geſtes, parceque perſonne n'entendoit rien des ſix langues que je ſcauois, il ſe trouua enfin un Vielliard qui parloit un peu l'Ilinois.

Nous leurs fîmes paroiſtre par nos preſens que nous allions a la mer, ils entendirent bien ce que nous leur voulions dire, mais je ne ſcay s'ils conçeurent ce que je leurs dis de Dieu et des choſes de leur ſalut, C'eſt une ſemence jettée en terre qui fructifira en ſon temps. Nous n'euſmes point d'autre réponſe ſinon que nous apprendrions toutceque nous deſirions d'un aultre grand Village nommé Akamſea qui n'eſtoit qu'a 8 ou 10 lieuës plus bas, ils nous preſenterent de la Sagamité et du poiſſon, et nous paſſâmes la nuict chez eux auec aſſez d'inquiétude.

SECTION 9eme.

Reception qu'on fait aux François dans la derniere des Bourgades qu'ils ont veuës. Les moeurs & façons de faire de ces Sauuages. Raiſons pour ne pas paſſer outre.

NOus Embarquâmes le lendemain de grand matin auec noſtre jnterprette; un Canot ou eſtoient dix Sauuages alloit un peu deuant nous, eſtant arriués a vne demie lieuë des Akamſea, nous viſmes paroiſtre deux Canotz qui venoient audeuant de nous; Celuy qui y commandoit eſtoit debout tenant en main le Calumet auec lequel il faiſoit pluſieurs geſtes ſelon la Couſtume du paÿs, il uint nous joindre en chantant aſſez agreablement et nous donna a fumer, aprés quoy il nous presenta de la Sagamité, et du pain fait de bléd d'inde, dont nous mangeammes vn peu, Ensuitte il prit le deuant nous ayant fait signe de venir doucement apres luy; on nous auoit preparé une place sous l'eschaffault du chef des guerriers, elle estoit propre et tapissée de belles nattes de jonc, sur lesquelles on nous fit asseoir, ayant autour de nous les anciens, quj estoient plus proches, apres les guerriers et Enfin tout le peuple en foule. Nous trouuâmes là par bonheur vn Jeûne homme qui entendoit l'Ilinois beaucoup mieux que l'Interprette que nous auions amené de Mitchigamea, ce fut par son moyen que je parlay d'abord a toute cette assemblée par les presens ordinaires; ils admiroient ce que je leurs disois de Dieu et des mysteres de Nostre S[te] foÿ, ils faisoient paroistre un grand desir de me retenir auec eux pour les pouuoir jnstruire.

Nous leurs demandâmes ensuitte ce qu'ils scauoient de la mer; ils nous répondirent que nous n'en estions qu'a dix journées, nous aurions pû faire ce chemin en 5 jours, qu'ils ne connoissoient pas les Nations qui l'habitoient acause que leurs Ennemys les empéchoient d'auoir Commerce auec ces Europeans, que les haches, cousteaux, et rassade que nous voions leur estoient venduës en partie par des Nations de l'Est et en partie par vne bourgade d'Ilinois placée a Loüest a quattre journées de la, que ces Sauuages que nous auons rencontrés qui auoient des fusils estoient leurs Ennemÿs, lesquels leurs fermoient le passage de la mer et les empéchoient d'auoir Connoissance des Europeans et d'auoir auec eux aucun Commerce; qu'aureste nous nous exposions beaucoup de passer plus oultre acause des Courses continuelles que leurs Ennemys font sur la riuiere, qui ayant des fusils et estant fort agguerris, nous ne pouuions pas sans un danger euident auancer sur cette riuiere qu'ils occupent continuëllement.

Pendant cet Entretien on nous apportoit continuellement à manger dans de grands platz de bois, tantost de la sagamité, tantost du bléd entier, tantost d'un morceau de chien, toute la journée se passa en festins.

Ces peuples sont assez officieux

et liberaux de ce qu'ils ont, mais ils ſont miſerables pour le uiure, noſant aller a la chaſſe des boeufs ſauuages acauſe de leurs Ennemys, il eſt uraÿ qu'ils ont le bled d'inde en abondance, qu'ils ſément en toute ſaiſons, nous en viſme en meſme temps qui eſtoit en maturité, D'autre qui ne faiſoit que pouſſer, et d'autre quj eſtoit en Laict, deſortequ'ils ſement trois fois l'an. Ils le font Cuire dans de grands potz de terre qui ſont fort bien faitz ; Ils ont auſſy des aſſiétes de terres Cuitte dontz ils ſe ſerueut a diuers uſages. Les hommes uont nuds, portent les Chéueux courtz, ont le néz percé d'ou pend de la raſſade auſſibien que de leurs oreilles. Les femmes ſont ueſtuës de meſchantes peaux, noüent leurs Cheueux en deux tresses, qu'elles jettent derriere les oreilles, et n'ont aucune rareté pour se parer. Leurs festins se font sans aucune Ceremonie, ils presentent aux Inuitez de grand platz dontz chascun mange a discretion, et se donnent les restes les vns aux aultres : Leur Langue est extremément difficıle, et je ne pouuois venir about d'en prononcer qu'elques motz, quelque effort que je pusse faire. Leurs Cabannes qui sont faites d'escorce, sont longues et larges, ils Couchent au deux boutz eleuez de deux pieds de terre, Ils y gardent leurs bléd dans de grands pannier faits de Cannes, ou dans des gourdes grasses comme des demÿ bariques. Ils ne scauent ceque c'est que le Castor, Leurs richesses consistent en peaux de boeufs sauuages, ils ne voient jamais de neige chez eux et ne connoiſſent l'hyuer que par les pluyës qui y tombent plus ſouuent qu'en Eſté; Nous n'y auons pas mangé de fruictz que des mélons d'Eau. S'ils ſcauoient Cultiuer leur terre ils en auroient de toutes les ſortes.

Le ſoir les anciens firent un Conſeil Secret dans le deſſein que quelqu'uns auoient de nous Caſſer la teſte pour nous piller, mais le chef rompit toutes ces Menées, Nous ayant enuoyé querir pour marque de parfaitte aſſeurance, il danſa le Calumet deuant nous, de la façon que j'ay deſcript cy deſſus, et pour nous oſter toute crainte il m'en fit preſent.

Nous fiſmes Mr Jolliet et moy un aultre Conſeil, pour deliberer ſur ce que nous auions àffaire, ſi nous pouſſerions oultre où ſi nous nous Contenterions de la découuerte que nous auions faite. Apres auoir attentiuement conſideré que nous n'eſtions pas loing du golphe mexique, dont le baſſin eſtant a la haulteur de 32 degrez 60 minutes, et nous, nous trouuant a 33 40 minutes, nous ne pouuions pas en eſtre éloignez plus de 2 ou 3 journées, qu'indubitablement la riuiere Miſſiſipi auoit ſa décharge dans la floride ou golphe Mexique, n'on pas du Coſté de L'eſt dans la Virginie, dont le bord de la mer eſt a 34 degréz que nous auons paſſéz ſans neamoins eſtre encor arriués a la mer ; non pas auſſj du Coſté de L'oüeſt a la Californie, parceque nous deuions pour cela auoir noſtre route a L'oüeſt, oú a l oüeſt Soroüeſt et nous l'auons toufjour eu au Sud. Nous confiderâmes deplus que nous nous expofions a perdre le fruict de ce Voÿage duquel nous ne pourrions pas donner aucune Connoiffance, fi nous allions nous jetter entre les mains des Efpagnols qui fans doubte nous auroient dumoins retenus Captifs. En oultre, nous voÿons bien que nous n'eftions pas en eftat de refifter a des fauuages alliés des Europeans, nombreux et expertz a tirer du fufil qui infeftoient continuellement le bas de cette riuiere : Enfin nous auions pris toutes les Connoiffances qu'on peut fouhaiter dans cette découuerte toutes ces raifons firent conclure pour le Retour, que nous declarâmes aux fauuages et pour lequel nous nous preparâmes apres un jour de repos.

SECTION DIXIÉME.

Retour du Pere et des François Baptesme d'un Enfant moribond.

APres vn mois de Nauigation en descendant sur Missisip depuis le 42e degre jusqu'au 34 et plus, et apres auoir publie l'Euangile, autant que j'ay pû aux Nations que j ay rencontrées. Nous partons le 17e Juillet du Village des Akensea pour retourner sur nos pas ; Nous remontons donc a Missisipi quj nous donne bien de la peine a refouler ses Courans, il est uray que nous le quittons uers les 38e degrés pour entrer dans une aultre riuiere qui nous abbrege de beaucoup le chemin et nous conduit auec peu de peine dans le lac des Ilinois.

Nous n'auons rien veu de ſemblable a cette riuiere où nous entrons pour la bonté des terres, des prairies des bois des boeufs, des cerfs, des cheureuils, des chatz ſauuages des outardes, des cygnes, des canards, des perroquetz et meſme des Caſtors, il y a quantité de petitz lacs et de petites riuieres, Celle ſur laquelle nous Nauigeons eſt large, profonde, paiſible, pendant 65 lieuës, le printemps et une partie de l'Eſté on ne fait de tranſport que pendant une demy lieuë. Nous y trouuâmes une bourgade d'Ilinois nommé Kaſkaſkia compoſée de 74 Cabanes, ils nous y ont tres bien receus, et ils m'ont obligéz de leur promettre que je retournerois pour les jnſtruire, vn des chefs de cette nation auec ſa jeuneſſe nous eſt venu conduire juſqu'au Lac des Ilinois, d'ou enfin nous nous ſommes rendus dans La baye des puantz ſur la fin de Septembre, d'ou nous eſtions partis vers le commencement de Juin.

Quand tout ce Voÿage n'auroit cauſé que le ſalut d'une ame, j'eſtimerois toutes mes peines bien recompenſées, et c'eſt ce que j ay ſujet de preſumer, Car lorſque ie retournois nous paſſâmes par les Ilinois de Peȣarea je fus trois jours a leur publier la foÿ dans toutes leurs Cabanes, apres quoy comme nous nous embarquions, on m'apporta au bord de l eau vn Enfant moribond que je baptiſay un peu auant qu'il mourut par une prouidence admirable pour le ſalut de cette Ame Innocente.

CHAPITRE SECOND.

Recit du Second Voÿage que le Pere IACQUES MARQUETTE *a fait aux Ilinois pr y porter la foy, et la glorieuſe mort du meſme Pere dans les trauaux de cette Miſſion.*

SECTION 1ere.

Le Pere part une 2de fois pr les Ilinois, Il y arriue nonobſtant ſa maladie et ÿ Commence la Miſſion de la Conception.

LE Pere Jacques Marquette ayant promis aux Ilinois qu'on appelle Kaſkaſkia, qu'il retourneroit chez eux pour leur enſeigner nos myſteres, eut bien de la peine a tenir ſa parole. Les grandes fatigues de ſon premier uoÿage Luy auoient causé vn flux de sang, et l'auoient tellement abbatu, qu'il estoit hors d'esperance d'entreprendre un 2[d] Voÿage. Cependant son mal aÿant diminué et presque entierement cessé sur la fin de l Esté de l'année suiuante, il obtint permission de ses Superieurs de retourner aux Ilinois pour y donner Commencement a cette belle Mission.

Il partit pour cela dans le mois de Nouembre de l'année 1674 de la Baÿe des puantz auec deux hommes, dont un auoit déia fait le Voÿage auec luy, pendant un mois de Nauigation sur le lac des Ilinois il se porta assez bien, mais sitost que la Neige commença a tomber, il fut reprit de son flux de sang qui l'obligea de s'arrester dans la riuiere qui conduit aux

Ilinois ; Ceſt là qu'ils firent une Cabanne pour paſſer L'hyuer auec de telles jncommodités que ſon mal s'augmentant de plus en plus il uit bien que Dieu luy accordoit la grace qu'il Luy auoit tant de fois demandée, et meſme il le dit tout ſimplement a ſes deux Compagnons qu'aſſeurément il mourroit de cette maladie et dans ce Voÿage. Pour y bien diſpoſer ſon ame malgré la grande Indiſpoſition de ſon Corps, il commença un hyuernement ſi rude par les Exercices de St Ignace qu'il fit auec grand ſentiment de deuotion et beaucoup de Conſolations Celeſtes, et puis il paſſa le reſte du temps a s'entretenir auec tout le Ciel, naÿant autre Commerce auec la terre, au milieu de ſes deſerts qu'auec ſes deux Compagnons qu'il Confeſſoit et Communioit deux fois la ſemaine, et exhortoit autant que ſes forces le pouuoient permettre. Quelque temps apres Noël pour obtenir la grace de ne pas mourir ſans auoir pris poſſeſſion de ſa chere miſſion, il jnuita ſes Compagnons de faire une Neufaine a l honneur de l immaculée Conception de la Ste VIERGE; il fut exaucé contre toutes les apparances humaines, et ſe portant mieux il ſe uit en eſtat d'aller au bourg des Ilinois ſitoſt que la Nauigation ſeroit libre; ce qu'il fit auec bien de la Joÿe, partant pour cela le 29e Mars. Il fut onze jours en chemin, où il eut occaſion de beaucoup ſouffrir, et par ſa propre indiſpoſition n'eſtant pas entierement reſtablit et par un temps tres rude et tres faſcheux.

Eſtant enfin arriué dans le bourg le 8ᵉ d'auril, il y fut receu comme vn ange du Ciel; et apres auoir aſſemblé par diuerſes fois les chefs de la Nation auec tous les Anciens pour jetter dans leurs Eſpritz les premieres ſemences de l'Euangile, apres auoir porté les inſtructions dans les Cabannes, qui ſe trouuoient touſjours pleines d'une grande foule de peuples, il prit reſolution de parler a tous publiquement dans une aſſemblée generale, qu'il conuoqua en pleine Campagne, les Cabanes eſtant trop eſtroittes pour tout le monde. Ce fut une belle prairie proche du bourg qu'on choiſit pour ce grand Conſeil, et qu'on orna a la façon du paÿs, l'a couurant de Nattes et de peaux d'ours, et le Pere ayant fait eſtendre ſur des cordes diuerſes pieces de taftas de la chine, il y attacha quattre grandes Images de la Ste VIERGE quj eſtoient ueuës de tous Coſtez. L'auditoire eſtoit composé de 500 tant chefs que Vielliards aſſis en rond autour du Pere et de toute la jeuneſſe qui ſe tenoit debout au nombre de plus 1500 hommes ſans compter les femmes et les enfans qui ſont en grand nombre, le bourg eſtant composé de Cinq a ſix Cent feux.

Le Pere parla a tout ce peuple et leur porta dix paroles par dix preſens qu'il leur fit, leur expliqua les principaux myſteres de noſtre Religion, et la fin pour laquelle il eſtoit venu en leurs paÿs, Surtout il leur preſcha JESVS CRUCIFIÉ la Veille meſme de ce grand jour auquel il eſtoit mort en Croix pour eux auſſj bien que pour tout le reſte des hommes, et dit enſuitte la S^te^ Meſſe. Trois jours apres qui eſtoit le dimanche de paſque les choſes eſtant diſpoſées de la meſme maniere que le Jeudy, il celebra les SS. Myſteres pour la 2de fois, et par ces deux ſacrifices qu'on y eut jamais offerts a Dieu il prit poſſeſſion de cette terre au nom de JESVS CHRIST et donna a cette miſſion le nom de la Conception Immaculée de la Ste VIERGE.

Il fut eſcouté auec une joÿe et une approbation vniuerſelle de tout ces peuples qui le prierent auec de grandes Inſtances qu'il eut a reuenir aupluſtoſt chez eux puiſque ſa maladie l'obligeoit de s'en retourner. Le Pere de ſon coſté leur témoigna l'affection qu'il leur portoit, la ſatiſfaction qu'il auoit d'eux, et leur donna parole qu'ou luy ou un aultre de nos Peres reuiendroit pour continüer cette miſſion ſj heureuſement commencée. Ce qu'il leur promit encor a diuerſes repriſes en ſe ſeparant d'auec eux pour ſe mettre en chemin, Ce qu'il fit auec tant de marques d'amitié de la part de ces bonnes gens, qu'ils uoulurent l'accompagner par honneur pendant plus de trente lieuës de chemin, ſe chargeans a l'enuy l'un de l'autre de ſon petit bagage.

Section Seconde.

Le Pere eſt Contraint de quitter Sa Miſſion des Ilinois, Sa derniere maladie, Sa pretieuſe mort au milieu des foretz.

APres que les Ilinois eurent pris Congé du Pere, remplis

d'une grande Idée de l'Éuangile, il continüa ſon Voÿage et ſe rendit peu apres ſur le lac des Ilinois, ſur lequel il auoit pres de cent lieuës a faire par une route jnconnuë, et où il n'auoit jamais eſté, parcequ'il eſtoit obligé de prendre du Coſté du Sud de ce lac eſtant venu par celuy du nord. Mais ſes forces diminuerent de telle façon que ſes deux hommes deſeſpererent de le pouuoir porter en uie juſqu'au terme de leur uoÿage, Car defait il deuint ſi foible, et ſi eſpuiſé qu'il ne pouuoit plus s'aider, n'y meſme ſe remüer et il falloit le manier, et le porter comme un Enfant.

Cependant il conſeruoit dans cet eſtat une egalité d Eſprit, une reſignation, une joÿe et une douceur admirable, conſolant ſes chers

Compagnons, et les encourageant a ſouffrir courageuſement toutes les fatigues de ce Voÿage, dans l'aſſurance qu'il leur donnoit que Noſtre Seign^r^ ne les abandonneroit pas apres ſa mort. Ce fut pendant cette Nauigation qu'il commenca a s'y preparer plus particulierement il s'entretenoit par diuers Colloques tantoſt auec Noſtre Seign^r^, tantoſt auec ſa ſaincte Mere, où auec ſon Ange gardien où auec tout le paradis ; on l entendoit ſouuent repeter ces paroles, *Credo quod Redemptor meus viuit* &c. où bien *Maria Mater gratiae, Mater Dei memento mej,* outre ſa lecture ſpirituelle qu'on luy faiſoit tous les jours, il pria ſur la fin, qu'on luy leuſt ſa meditation de la preparation a la mort qu'il portoit ſur ſoy, il recitoit tous les jours ſon breuiaire, et quoyqu'il fut ſi bas que ſa veüe et ſes forces eſtoient beaucoup diminuées, il ne ceſſa point juſqu'au dernier jour de ſa vie, apres que ſes gens luy en eurent fait ſcrupule.

Huict Jours auant ſa mort il euſt la penſée de faire de l'eau benitte pour luy ſeruir pendant le reſte de ſa maladie, a ſon agonie, et a ſa ſepulture, et il inſtruiſit ſes Compagnons comment ils en deuoient uſer.

La Veille de ſon trépas qui fut un Vendredy, il leur dit tout joÿeux que ce ſeroit pour le lendemain, il les entretint pendant tout ce jour de ce qu'il y auoit a faire pour ſon enterrement, de la maniere dont il falloit l'enſeuelir, de la place qu'il falloit choiſir pour l'enterrer, Comment il luy faudroit accommoder les mains, les pieds, et le viſage, Comme ils éleueroient une Croix ſur ſon tombeau, Juſques là meſme qu'il les aduertit trois heures auant que d'expirer, que ſitoſt qu'il ſeroit mort, ils priſſent la Clochette de ſa chapelle, pour la ſonner pendant qu'ils le porteroient en terre; parlant de toutes ces choſes auec tant de repos, et une ſi grande preſence d'Eſprit, qu'on eut crû qu'il s'agiſſoit de la mort et des funerailles de quelqu'autre, et non pas des ſiennes.

Cette Riuiere porte aujourd'huy le nom du Pere.

Ainſy les entretenoit il touſjourz en chemin faiſant ſur le lac, juſqu'a ce qu'ayant apperceu l'Embouchure d'une riuiere, ſur le bord de laquelle il y auoit une Eminence quil trouuoit bien propre pour y eſtre enterré ; il leur dit que c'eſtoit le lieu de ſon dernier repos, ils uoulurent pourtant paſſer oultre parceque le temps le permettoit, et le jour n'eſtant pas bien auancé, mais Dieu ſuſcita vn Vent contraire qui les obligea de retourner et entrer dans la riuiere que le Pere leur auoit deſignée.

Ils le débarquent donc, ils luy allument un peu de feu ils luy dreſſent une meſchante Cabane d'écorce, ils l'y couchent le moins mal qu'ils peuuent, mais ils eſtoient ſi ſaiſis de triſteſſe, qu'ils ont dit du depuis qu'ils ne ſcauoient preſque ce qu'ils faiſoient.

Le Pere eſtant ainſj couché a peu pres comme St François Xauier, ce qu'il auoit touſjour ſouhaité auec tant de paſſion, et ſe uoyant ſeul au milieu de ces foretz, car ſes Compagnons eſtoient occupés a débarquer, il eut loiſir de repeter tous les actes auſquels il s'eſtoit entretenu pendant ces derniers jours.

Ses chers Compagnons s'eſtant enſuitte approchéz de luy, tout abbatus, il les conſola, et leur fit eſperer que Dieu auroit ſoin d'eux apres ſa mort, dans ces paÿs nouueaux et jnconnus, il leurs donna les dernieres inſtructions, les remercia de toutes les charitez qu'ils auoient exercées en ſon endroit pendant tout le Voÿage, leur demanda pardon des peines qu'il leur auoit données, les chargea de demander auſſj pardon de ſa part a tous nos Peres et freres qui ſont dans le paÿs des Outaoüacs, et uoulut bien les diſpoſer a receuoir le Sacrement de penitence, qu'il leur adminiſtra pour la derniere fois ; il leur donna auſſj un papier dans lequel il auoit eſcrit toutes ſes fautes depuis ſa derniére Confeſſion, pour le mettre entre les mains du Pere Superieur afin de l'obliger a prier Dieu pour luy plus particulierement ; Enfin il leurs promit qu'il ne les oublieroit point dans le Paradis, et comme il eſtoit tres Compaſſif, ſcachant qu'ils eſtoient bien las par les fatigues des jours precedens, il leur ordonna d'aller prendre un peu de repos, les aſſeurant que ſon heure n'eſtoit pas encore ſi proche, qu'il les eueilleroit quand il en ſeroit temps ; Comme defait 2 ou 3 heures apres il les appela, eſtant tout preſt d'entrer dans l'agonie.

Quand ils ſe furent approchez

il les embraſſa encor une fois pendant qu'ils fondoît en larmes a ſes pieds, puis il leur demanda de leau benitte et ſon reliquaire, et ayant luy meſme oſté ſon Crucifix qu'il portoit touſjour pendu au Col, il le mit entre les mains d'un de ſes Compagnons, le priant de le tenir touſjour vis a vis de luy, éleué deuant ſes yeux, et ſentant bien qu'il ne luy reſtoit que fort peu de temps a uiure, il fit un dernier effort, joignit les mains, et tenant touſjour les yeux doucement attachés a ſon Crucifix, il fit a haute uoix ſa profeſſion de foÿ et remercia la diuine majeſté de la tres grande grace qu'elle luy faiſoit de mourir dans la Compagnie, d'y mourir miſſionaire de Jesvs Christ, et ſurtout d'y mourir comme il l'auoit touſjour demandé, dans une chetiue Cabane, au milieu des foretz et dans l'abandon de tout ſecours humain.

Apres quoy il ſe teut, s'entretenant en luy meſme auec Dieu, il laiſſoit neamoins eſchaper de temps en temps ces motz *Suſtinuit anima mea in Verbo ejus* ou bien celles cy, *Mater Dei memento mei*, qui ſont les dernieres paroles qu'il prononça auant que d'entrer dans l'agonie, qui fut touſjour tres douce et tres tranquille.

Il auoit prié ſes Compagnons de le faire ſouuenir, quand ils le verroient pres d'expirer de prononcer ſouuent les noms de Jesvs et de Marie, s'il ne le faiſoit pas de luy meſme, ils n'y manquerent pas, et lorſqu'ils le crurent preſt de paſſer un d eux cria tout haut Jesus Maria, ce que le mourant repeta diſtinctement et pluſieures fois; et comme ſi a ces noms ſacréz quelque choſe ſe fut préſenté a luy, il leua tout d'un coup les yeux au deſſus de ſon Crucifix, les tenant comme Coléz ſur cet objet, qu'il ſembloit regarder auec plaiſir, et ainſj le viſage riant et enflammé, il expira ſans aucune Conuulſion, et auec une douceur qu'on peut appeler un agreable Sommeil.

Ses deux pauures Compagnons apres auoir bien verſé des larmes ſur ſon Corps, et l'auoir accommodé de la maniere qu'il leur auoit preſcrite, le porterent deuotement en terre, ſonnant la clochette, comme il le leur auoit dit, et dreſſerent une grande Croix proche de ſon tombeau pour ſeruir de marque aux paſſans.

Quand il fut queſtion de s'embarquer pour partir, un des deux qui depuis quelques jours auoit tellement le Coeur ſaiſi de triſteſſe et ſi fort accablé d'une douleur d'eſtomac qu'il ne pouuoit plus n'y manger n'y reſpirer que bien difficilement, s'auiſa pendant que l'autre preparoit toutes choſes pour l'embarquement, d'aller ſur le tombeau de ſon bon Pere pour le prier de l'aider aupres de la glorieuſe Vierge, comme il luy auoit promit, ne doubtant point qu'il ne fut dans le Ciel, il ſe mit donc a genoux, fait une courte priere, et ayant pris auec reſpect de la terre du ſepulchre, il la mit ſur ſa poitrine, et auſſitoſt ſon mal ceſſa, et ſa triſteſſe fut changée en une Joÿe qu'il a du depuis conſeruér pendant ſon Voÿage.

Section 3eme.

Ce qui s'est passé au transport des ossemens du feu Pere Marquette, qui ont estéz retiréz du sepulchre le 19e maÿ 1677 qui est le mesme Jour qu'il mourut l'an 1675; Abregé de ses Vertus.

DIeu n'a pas uoulu permettre qu'un dépost si pretieux demeurast au milieu des bois, sans honneur, et dans l'oubly. Le Sauuages nommez Kiskakons qui font profession publique du christianisme depuis pres de dix ans et qui ont esté instruictz par le Pere Marquette, lorsqu'il demeuroit a la pointe du St Esprit, a l'extremité du lac Superieur, ont fais leur chasse l'hyuer passé aux Enuirons du lac des Ilinois, et comme ils s'en retournoient au Commencement du primptemps, ils furent bien aiſe de paſſer proche du tombeau de leur bon Pere qu'ils aimoient tendrement, et meſme Dieu leur donna la penſée d'enleuer ſes oſſemens pour les tranſporter en noſtre Egliſe de la Miſſion de St Ignace a Miſſilimakinac où ils ſont leur demeure.

Ils ſe rendirent donc ſur le lieu et deliberent enſemble d'agir a l'eſgard du Pere ſuiuant ce qu'ils ont Couſtume de faire enuers ceux pour qui ils ont bien du reſpect; ils ouurent donc la foſſe, ils deuelopent le Corps, et quoyque la chair et les inteſtins fuſſent tous conſommez, ils le trouent entier ſans que la peau fuſt en aucune façon endommagée; ce qui n'empeſcha pas qu'ils n'en fiſſent la diſſection a leur ordinaire; ils lauerent les os et les expoſerent a l air pour les ſecher, apres quoy les ayant bien arrangés dans une quaiſſe d écorce de bouleau, ils ſe mirent en chemin pour nous les apporter en noſtre Maiſon de St Ignace.

Ils eſtoient préz de 30 Canotz qui faiſoît ce Conuoy auec un tres bel ordre, il s'y trouua meſme bon nombre d'Iroquois qui s'eſtoient joins a nos Sauuages algonquins pour faire plus d'honneur a cette ceremonie. Quand ils approcherent de noſtre maiſon, le P. Nouuel qui y eſt Superieur, fut audeuant d'eux auec le P. Pierſon accompagné de ce qu'il y auoit de françois et de ſauuages, et aÿant fait arreſter le Conuoy, il fit les interrogations ordinaires pour verifier que c'eſtoit ueritablement le corps du Pere qu'ils apportoient, et auantque de le descendre a terre, on entonna le *De profundis* a la veuë de ces 30 Canotz qui estoient tousjour a l eau et de tout le peuple quj estoient a terre. Apres cela on porta le Corps a l'Église gardant tout ce que le rituel marque en semblables Ceremonies; il demeura exposé tout ce jour la sous sa representation qui fust la 2de feste de la pentecoste 8e Juin, et le lendemain apres qu'on luy eut rendu tous les deuoirs funebres, il fut mis dans un petit Caueau au milieu de l'Église ou il repose comme l'Ange Tutelaire de nos Missions des Outaoüacs. Les Sauuages uiennent souuent prier sur son tombeau, et pour n'en pas dire d'auantage une jeune fille aagée de 19 a 20 ans que le feu Pere auoit jnſtruitte et qui fut baptiſée l'an paſſé eſtant tombée malade et s'eſtant addreſſée au P. Nouuel pour eſtre ſaignée et prendre quelques remedes, le Pere luy ordonna pour toute medecine de venir pendant trois jours dire un *Pater* et trois *Aue* ſur le tombeau du P. Marquette, ce qu'elle fit et auant le 3e jour elle fut guerie ſans ſaignée et ſans aucuns aultres remedes.

Le Pere JACQUES MARQUETTE de la Prouince de Champagne eſt mort a l'aage de 38 ans dont il en a paſſé 21 en la Compagnie ſcauoir 12 en Frãce et 9 en Canada. Il fut enuoyé dans les Miſſions des algonquins Superieurs qu'on nomme Outaoüacs et y a trauaillé auec tout le Zele qu'on doit attendre d'un homme qui s'estoit proposé St FRANÇOIS XAUIER pour le modele de sa vie et de sa mort. Il a imité ce grand Sainct, non seulement par la diuersité des langues barbares qu'il a apprises, mais aussj par l'étenduë de son Zele qui luy a fait porter la foÿ jusqu'a l'Extremité de ce nouueau monde, et a préz de 800 lieuës d'icy dans les foretz, où jamais le nom de JESVS CHRIST n'auoit esté annoncé.

Il a tousjour demandé a Dieu de finir sa vie dans ces laborieuses Missions et de mourir au milieu des bois comme son cher St XAUIER dans un abandon general de toutes choses. Il emploÿoit tous les Iours pour cela, et les merites de JESUS CHRIST et l'intercession de la VIERGE IMMACULÉE, pour laquelle il auoit une rare tendresse.

Aussj a t-il obtenu par de si puissantz mediateurs ce qu'il a demandé auec tant d'instance, puisqu'il a eu le bonheur de mourir comme l'Apostre des Indes dans une meschante Cabane sur le riuages du lac des Ilinois, abandonné de tout le monde.

Nous aurions bien des choses a dire des rares Vertus de ce genereux Missionnaire; de son Zele, qui luy a fait porter la foy si loing et annoncer l'euangile a tant de peuples qui nous estoient inconnus; de sa Douceur qui le rendoit aymable a tout le monde, et qui le faisoit tout a tous, François auec les François, huron auec les hurons, algonquin auec les algonquins; de sa Candeur d'enfant pour se découurir a ses Superieurs et mesme a toutes sortes de personne auec vne Ingenuité qui gagnoit tous les Coeurs; de sa Chasteté angelique; de son Vnion auec Dieu continuelle.

Mais celle qui a comme predominé estoit une deuotion tout a fait rare, et singuliere a la S^te^. VIERGE et particulierement enuers le mystere de l'Immaculée Conception, il y auoit plaisir de l'entendre parler ou prescher sur cette matiere, toutes ses Conuersations et ses lettres auoient quelque chose de la Ste VIERGE IMMACULÉE, c'est ainsy qu'il l'a nommoit tousjour, il a jeuné depuis l'aage de 9 ans tous les Samedis, et dez sa plus tendre jeunesse, il a commencé a dire tous les jours le petit office de la Conception, inspirant cette deuotion a tout le monde. Quelques mois auant ſa mort, il diſoit tous les jours auec ſes 2 hommes vne petite Couronne de l'Immaculée Conception, qu'il auoit jnuentée de cette ſorte; apres le *Credo*, on dit une fois le PATER et l'AVE, et puis quattre fois ces paroles *Aue filia Dej Patris, Aue Mater Filij Dej, Aue ſponſa Spiritus Sanctì, Ave templum totius Trinitatis; per Sanctam Virginitatem, et Immaculatam Conceptionem tuam, puriſſima Virgo, emunda Cor et Carnem meam, In Nomine Patris et Filij & Spiritus Sancti;* et enfin le *Gloria Patri,* et le tout ſe repetoit 3 fois.

Il n'a jamais manqué de dire la Meſſe de la Conception, ou du moins l'oraiſon, quand il l'a pû, il ne penſoit preſque a autre choſe, jour et nuict, et pour nous laiſſer une marque eternelle de ſes ſentimens, il a voulu donner le nom de La Conception a la Miſſion des Ilinois.

Vne ſi tendre deuotion enuers la mere de Dieu, meritoit quelque grace ſinguliere, auſſj luy a t-elle accordé la faueur qu'il auoit touſjour demandée, de mourir un Samedy; et ſes deux Campagnons ne doubtent point qu'elle ne ſe ſoit fait voir a luy a l heure de la mort, lorſqu'apres auoir prononcé les Noms de Jesus et Marie il hauſſa tout d'un coup les yeux audeſſus de ſon Crucifix, les tenantz attachez ſur vn object qu'il regardoit auec tant de plaiſir et auec vne joÿe qui paroiſſoit ſur ſon viſage, et ils eurent alors cette Impreſſion, qu'il auoit rendu ſon ame entre les mains de ſa bonne Mere.

Vne des dernieres lettres qu'il a escriptes au P. Superieur des Missions, auant son grand uoÿage, montre assez quels estoient ses sentimens. Voicy comme il la commencé. La Ste VIERGE IMMACULÉE m'a obtenu la grace d'arriuer icy en bonne santé et dans la resolution de correspondre aux desseins que Dieu a sur moy, m'ayant destiné pour le Voÿage du Sud. Je n'ay point d'autre pensée sinon de faire ce que Dieu veut. Je n'apprehende rien; ny les Nadoüessÿ, ny l'abord des Nations ne m'estonne pas; de deux choses l'une; où Dieu me punira de mes crimes et de mes lâchetez, ou bien il me fera part de sa Croix que je n'ay point encor portée depuis que je suis en ce paÿs, mais peut estre qui m'est obtenue par la Ste Vierge Immaculée; ou peut eſtre une mort pour ceſſer d'offenſer Dieu, c eſt a quoy je tache de me tenir preſt, m'abandonnant tout a fait entre ſes mains. Je prie V. Rce de ne me point oublÿer, et de m'obtenir de Dieu, que je ne demeure point ingrat des graces dont il m'accable.

On a trouué parmy ſes papiers un Cahier, intitulé la Conduitte de Dieu ſur un Miſſionnaire, ou il fait veoir l excellence de cette Vocation, les aduantages qu'on y trouue pour s'y ſantifier, et le ſoin que Dieu prend des ouuriers Euangeliques, on uoit dans ce petit abregé l'eſprit de Dieu dont il eſtoit poſſedé.

CHAPITRE TROISIEME.

Recit d'un 3e Voÿage fait aux Ilinois par le Pere Claude Alloüez.

Section 1ere.

Le Pere Alloües *part ſur les glaces, un jeune homme tué par un ours et la vengeance qu'on en a priſe, diuerſes raretés qui ſe preſentent ſur les chemins.*

PEndant que je me preparois pour mon départ, le temps n'étant pas encor propre, je fis quelques uiſites dans la baÿe ou je baptiſay deux adultes malades dont l'un mourut le lendemain ; l'autre vêſcut encor vn mois, c'eſtoit un pauure vielliard, quj pour eſtre deia Caduc, demy ſourd, eſtoit la riſée et le rebut de tout le monde, mesme de ses Enfans, mais Dieu ne le rebuta pas, et luy fit la grace de le mettre au nombre de Ses Enfans par le baptesme, et de le receuoir en son paradis, comme j ay tout suject de le croire. En une aultre visite que je fis a la Nation des Outagamis, J'j baptisay six Enfans presque tous a l'extremité. Je fus beaucoup consolé de voir un notable changement dans l'Esprit de ces peuples; Dieu les uisite par ses fleaux pour les rendre plus dociles a nos Instructions.

Apres ces Courses le temps estant propre pour partir, c'estoit sur la fin du mois d'octobre 1676, je m'embarquay en Canot auec 2 hommes, pour tacher d'aller hyuerner aux Ilinois, mais je ne fus pas loing, Car l'hyuer a tant auancé cette année, que les glaces nous aÿant ſurpris nous fuſmes contrainčts de relacher, et attendre qu'elles fuſſent aſſez fortes pour nous porter. Ce ne fut que dans le mois de feburier que nous entreprismes vne nauigation bien extreſordinaire, Car aulieu qu'on met le Canot a l'eau, nous le miſmes ſur les glaces, ſur leſquelles le uent fauorable le faiſoit aller a la Voile, comme ſur l'eau ; quand le vent nous manquoit, aulieu d'auirons nous nous ſeruions de Cordes pour le traiſner, comme les cheuaux traiſnent les chariotz. Paſſant proche de la Nation des Poüteoüatamis, j appris qu'un jeûne homme auoit eſté depuis peu tué par des ours, je l'auois autrefois baptiſé a la pointe du S[t] Eſprit et ſes parens eſtoient de ma Connoiſſance, ce quj m'obligea a me détourner un peu de mon chemin pour les aller consoler. Ils me raconterent que les ours s'estant engraisséz pendant L'automne, conseruent tout L hyuer et mesme augmentent leur Embonpoint, quoyqu'ils ne mangent rien, ainsy que les Naturalistes ont remarquéz; ils se cachent dans des creux d'arbres, surtout les femelles pour y faire leurs petitz, ou bien ils se couchent sur des branches de sapin, qu'ils coupent expres pour s'en faire un lit sur la Nege, d'ou ils ne sortent point tout L'hyuer, sinon lorsque les chasseurs les découurent par le moyen de leurs chiens, qu'ils façonnent a cette chasse. Ce jeûne homme en ayant aperceu un, caché dans les branches de sapin, luy décoche toutes ses flêches de ſon Carquois, mais L'ours ſe ſentant frappé, et n'eſtant pas bleſſé a mort, ſe leue, ſe jette ſur luy, luy arrache la cheuelure, luy tire les entrailles, et luÿ déchire et démembre tout le corps. Je trouuay ſa Mere fort deſolée, nous fiſmes enſemble des prieres pour le deffunct, et bienque ma preſence euſt redoublé ſa douleur, elle eſſuÿoit ſes larmes et ſe conſoloit en me diſant, C'eſt Paulin qui eſt mort, c'eſt ce bon paulin que tu venois touſjour apeler pour prier Dieu.

Enſuitte pour venger, diſent-ils, cette mort, les Parens et les Amys du deffunt uont faire la guerre aux ours pendant qu'ils ſont encor bons, c'eſt a dire en hyuer, car en Eſté ils ſont maigres, et ſi affamés qu'ils mangent meſme des Crapeaux et des Serpens. La guerre ſut ſi bonne qu'en peu de temps ils en tuerent plus de 500, dont ils nous firent part nous diſant que Dieu liuroit les ours entre leurs mains, affin qu'ils ſatiſfiſſent pour la mort de ce Jeune homme qui auoit eſté ſi cruellement traitté par un de leur Nation.

A 12 lieuës de la bourgade des Pouteouátamis nous entraſmes dans une Ance fort profonde, d ou nous tranſportâmes noſtre Canot par dans le bois juſqu'au grand lac des Ilinois, ce tranſport eſt d'une lieuë et demie.

La Veille de S[t] Joſeph Patron de tout le Canada, nous trouuant ſur ce lac des Ilinois, nous luy donnâmes le nom de ce grand S[t], Ainſy nous l'apellerons déſormais le Lac S[t] Joſeph.

Nous nous y embarquâmes donc le 23e de Mars, et nous eusmes bien a combatre contre les glaces qu'il falloit rompre deuant nous pour nous faire passage, L'eau estoit si froide qu'elle geloit sur les auirons, et au costé du Canot où le Soleil ne donnoit pas, il plut a Dieu nous tirer du danger où nous nous trouuâmes au débarquement, lorsqu'un grand Coup de Vent, nous jettoit les glaces contre nostre Canot d'un costé et poussoit de l'autre nostre Canot sur les glaces qui estoient au riuage.

Nostre grande Peine fut que les riuieres estant encor gelées nous n'y pûsmes entrer que le 3e d'Auril; Nous consacrâmes celle dans laquelle nous entrâmes enfin dans le temps de la Semaine Ste par une grande Croix que nous plantasmes ſur ſon riuage affin que quantité de Sauuages qui s'y rendent pour leur chaſſe, les uns en Canot ſur le lac, les autres a pied dans les bois, ſe ſouuiennent des Inſtructions que nous leurs auons données ſur ce myſtere, et qu'a ſa veuë ils ſoient excitez a prier Dieu.

Le Lendemain nous viſmes un rocher de 7 a 8 pieds hors de l eau, et qui auoit 2 ou 3 braſſes de tour, nommé le Rocher au braÿ, en effect nous voions qu'il couloit par petitz filetz du coſté que le Soleil l'échauffoit, nous en priſmes et nous trouuâmes qu'il eſtoit bon a braÿer les Canotz, je m'en ſers pour cacheter mes lettres.

Nous viſmes auſſy le meſme jour un aultre rocher un peu moindre, dont une partie eſtoit dans l eau, et l'autre dehors, celle qui estoit arrosée des flotz, auoit la couleur d'un beau rouge tres vif et tres esclatant. Quelques jours apres, nous rencontrâmes un ruisseau qui sortoit d'un Costeau, dont les eaux paroissoient minerales, le sable en est rouge, et les Sauuages disent qu'il vient du petit lac où ils ont trouué des morceaux de Cuiure rouge.

Nous auancions tousjour en costoÿant de grandes prairies a perte de veüe; on uoit des arbres de temps en temps, mais qui sont tellement rangés, qu'ils semblent auoir esté plantés a dessein pour faire des allées plus agreables a la veüe que celles des vergers. Le pied de ses arbres est souuent arrosé de petitz ruisseaux, où nous uoyons de grandes trouppes de cerfs et de biches se rafraichir et paiſtre paiſiblement la petite herbe, nous ſuiuons ces vaſtes plaines pendant 20 lieuës et nous diſons ſouuent *Benedicite opera domini Domino.*

Apres que nous euſme fais ſoixante et ſeize lieuës ſur le lac S[t] Joſeph ; enfin nous entraſmes dans la riuiere quj méne aux Ilinois. J'j fis rencontre de 80 Sauuages du paÿs, de qui je fus accuëilly d'une belle maniere. Le Capitaine uint audeuant de moy enuiron 30 pas, portant d'une main un tiſon de feu et de l'aultre un Calumet empanaché, il s'a-proche, il me le preſente a la bouche, et allume luy meſme le petun, ce qui m'obligea de faire ſemblant de fumer, il me fait enſuitte entrer dans ſa Cabane, et m'aÿant donné la place la plus honnorable, il me parla de la ſorte.

Mon Pere aye pitié de moy, ſouffre que je retourne auec toy pour t'accompagner et te faire entrer dans mon village, la rencontre que j ay fais aujourd huÿ de ta perſonne me ſera fatale, ſj je ne m'en ſers auantageuſem̃ent; Tu nous Porte l'Euangile et la priere, ſi je perds l'occaſion de t'eſcouter j en ſeray puny par la perte de mes Nepueux que tu uois en ſi grand nombre, qui ſans doubte ſeront deffaitz par nos Ennemys; Embarquons nous donc de Compagnie, affin que je profite de ta venuë dans noſtre terre; Cela dit il s'embarque en meſme temps que nous, et peu apres nous arriuames chez luy.

Section 2de.

Le Pere Alloüez arriue a la Bourgade des Ilinois, deſcription de ce bourg, et du paÿs, la foÿ eſt publiée a toutes les Nations.

NOnobſtant tous les effortz que nous fiſmes pour nous haster. je ne pû me rendre que le 27e Auril a Kachkachkia grande bourgade des Ilinois. J entray d'abord dans la Cabane ou auoit logé le Pere Marquette, et les anciens s'y eſtant aſſemblez auec toute la populace, je leur declaray le ſuject pour lequel j eſtois venu chez eux, a ſcauoir pour leur preſcher le Vray Dieu uiuant et immortel et ſon fils unique Jesus Christ. Ils eſcouterent fort attentiuement tout mon diſcours, et me remercierent de la peine que je prenois pour leur ſalut.

J ay trouuay cette bourgade bien augmentée depuis un an, elle n'eſtoit auparauant composée que d'une Nation, qui eſt celle des Kachkachkia, et il y en a huict a preſent, la premiere ayant apelé les autres quj demeuroient aux enuirons de la riuiere Miſſiſipi, on ne peut pas bien ſe perſuader le nombre du peuple qui compoſe ce bourg, ils ſont logés dans 351 Cabanes qui ſont aiſées a compter parcequ'elles ſont rangées pour la pluſpart ſur les bords de la riuiere.

Le lieu qu'ils ont choiſÿ pour leur demeure eſt ſitué par les 40 degréz 42 minutes, il a d'un coſté une prairie d'une grande eſtenduë, et de l'autre quantité de Maretz, qui rendent l'air malſain et ſouuent couuert de brouilliards, ce qui cauſe bien des maladies, et de grands et frequens coups de tonnerre; ils ayment cependant ce poſte, parcequ'ils peuuent aiſément de la découurir leurs Ennemÿs.

Ces Sauuages ſont fiers de leur naturel, hardis et uaillans. Ils ont guerre auec 8 ou 9 ſortes de Nations, ils ne ſe ſeruent pas de fuſilz, parcequ'ils les trouuent trop embarraſſantz et trop lentz, ils en portent neamoins quand ils uont contre des Nations qui n'en ſcauent pas l'uſage pour les eſpouuanter par le bruit et les mettre en déroutte: ils ne portent ordinairement que la maſſuë, l'arc et le carquois plein de flêches, qu'ils décochent ſi adroittement et ſj promptement, qu'apeine donnent-ils l'oiſir a ceux qui ont des fuſilz de coucher en Jouë, ils portent aussj un grand bouclier fait de peaux de boeufs sauuage, a l'espreuue des flêches, dont ils se couurent tout le Corps.

Ils ont plusieures femmes et ils en sont extremement Jaloux ils les quittent pour le moindre soupçon, elles se gouuernent bien pour l'ordinaire, et sont honnestement vestuës, non pas les hōmes qui n'ont pas honte de leur nudité.

Ils uiuent de bled d'inde, et d'autres fruictz de la terre qu'ils cultiuent dans les prairies, comme les aultres Sauuages, ils mangent de 14 sortes de racines qu'ils trouuent dans les prairies, ils m'en ont fait manger, et je les trouue bonnes, et fort douces; ils cueillent sur les arbres ou sur des plantes des fruictz de 42 especes differentes, qui ſont tous excellens, ils peſchent 25 ſortes de poiſſons entre leſquels eſt l'anguille, ils font la chaſſe aux boeufs, au cheurëil, au Coq d'inde, au chat, a vne eſpece de Tygre et a d autres animaux, ils en comptent de 22 ſortes; et de 40 ſortes de gibier et d'oiſeaux. On m a dit qu'au bas de la riuiere il y a des fontaines ſallées et qu'ils en font du ſel, Je n'en ay pas encor veu l experience, on m'aſſure auſſy qu'aſſez proche de leur bourgade il y a des pierres d'ardoiſe auſſy belles que les noſtres, j ay veu en ce paÿs comme chez les Outaouacs du cuiure rouge, qu'on trouue comme aillieurs en morceaux ſur le bord des riuieres; Enfin on m'aſſure qu'il y a icy des rochers a bray ſemblables a ceux que j ay veu au bord du lac S[t] Joſeph. Les Sauuages les couppent, et trouuent des veines comme argentées, qu'ils pillent et dontz ils font une fort belle peinture rouge; Ils rencontrent auſſy d'autres veines d'ou diſtillent le bray, lequel eſtant jetté dans le feu bruſle comme le noſtre.

Voyla tout ce que j ay pû remarquer en ce paÿs, pendant le peu de temps que j'i ay demeuré, uoicy ceque J'j ay fait pour le Chriſtianiſme.

Comme j'auois peu de temps a reſter icy, n'y eſtant venu que pour prendre les Connoiſſances neceſſaires a l'eſtabliſſement parfait d'une Miſſion; Je m'appliquaÿ auſſitoſt a donner tout ce que je pourrois d'Inſtructions a ces 8 Nations differentes, deſquelles par la grace de Dieu je me ſuis fais entendre ſuffiſam̄ent. J allois pour cela dans la Cabane du chef de la Nation, que je voulois jnſtruire, et l'a y preparant un petit autel auec les ornemens de ma chapelle, j'expoſois le Crucifix, a la veüe duquel je leurs expliquois les myſteres de noſtre foÿ. Je ne pouuois pas ſouhaiter un plus grand nombre d'auditeurs, n'y une attention plus fauorable : ils m'apportoient leurs plus petitz Enfans pour eſtre baptiſez, ils m'ammenoient les plus grands pour eſtre inſtruictz. Ils repetoient eux meſmes toutes les prieres que je leurs enſeignois ; en vn mot apres que j'eus fait la meſme choſe dans toutes les 8 Nations, J'eus la Conſolation de voir Jesus Christ reconnu par tant de peuples, auſqu'els ils ne manquoient plus que d eſtre bien cultiués, pour deuenir bons Chreſtiens. C eſt ce que nous eſperons faire deſormais a loiſir.

J ay donné commencement a cette Miſſion par le bapteſme de 35 Enfans, et d'un adulte malade, qui peu de temps apres mourut, auſſybien qu'un de ces Enfans pour aller prendre poſſeſſion du paradis au nom de toute la Nation.

Et Nous pour prendre auſſy poſſeſſion de ces peuples au Nom de JESUS CHRIST, le 3^em^ de maÿ feſte de Ste Croix Nous plantaſmes au milieu de la bourgade une Croix haulte de 25 pieds, chantans le *Vexilla* en preſence d'un grand nombre d'Ilinois de toutes les Nations, de qui je peux dire en uerité, qu'ils ne prirent point JESUS CHRIST Crucifié pour vne folie, n'y pour vn ſcandale; au contraire ils aſſiſterent a cette Ceremonie auec grand reſpect, et eſcouterent tout ce que je leur dis ſur ce myſtere auec admiration. Les Enfans meſme alloient baiſer la Croix par Deuotion, et les grands me recommandoient auec Inſtance de la ſi bien placer, qu'elle ne pût jamais tomber.

Le temps de mon départ eſtant venu, je pris congé de tous ces peuples, et je les laiſſay dans un grand deſir de me reuoir au pluſtoſt, ce que je leur ay fait eſperer d'autant plus volontiers, que d'un coſté j ay ſujet de remercier Dieu des petite croix dontz il m'a fait part en ce Voÿage, et de l'autre que je vois la moiſſon toute preſte et tres abondante. Le Diable ſans doute s'y oppòſera, et peut eſtre ſe ſeruira-t-il de la guerre que les Iroquois ueulent faire aux Ilinois. Je prie N. S. de la détourner affin que de ſi beaux Commencemens ne ſoient pas entierement ruinés.

L'année d'apréz a ſcauoir en 1678, le Pere Alloüez partit pour retourner dans cette Miſſion, et pour y demeurer 2 ans de ſuitte, affin d'y trauailler plus ſolidement a la Conuerſion de ces peuples. Nous auons appris du depuis, que les Iroquois ont fait vne excurſion juſques là, mais qu'ils ont eſté battue par les Ilinois; c'eſt ce qui va bien eſchauffer la guerre entre ces Nations, et eſt pour beaucoup nuire en cette Miſſion, ſi Dieu n'y met la main.

Mon Reuerend Pere.

Pax X̄i.

Ayant esté contraint de demeurer a S.t François tout lesté, acause de quelque incommodité, en ayant esté guery des le mois de Septembre, J'y attendois larriuée de nos gens au retour de la bas pour sçauoir ceque ie ferois pour mon hyuernement; lesquels m'en apporterent les ordres pour mon voyage a la mission de la Conception des Ilinois, ayant satisfait aux sentiments de V.R. pour les copies de mon iournal touchant la Riuiere de Missisipi, Je partis auec Pierre Porteret et Jacque le 25 oct 1674 sur les midy le vent nous contraignit de coucher a la sortie de la Riuiere, ou les Poutewatamis s'assembloient les anciens n'ayant pas voulu qu'on allast du costé des Ilinois, de peur que la ieunesse amassant des robbes auec les marchandises qu'ils ont apporté de la bas, et chassant au castor ne voulut descendre le printemps, qu'ils croient auoir sujet de craindre les nadouessi.

Lettre et Journal du feu P. marquette

+

A Mon Reuerend Pere
Le P. Claude Dablon
Superieur des Missions
de la Compagnie de Jesus
en la nouuelle france

Jacque marquette

Claude Allouez

Claude Dablon Supr des Missions de la Compagnie de Jesus en Canada

LETTRE

ET

JOURNAL

DU

P. JACQUES MARQUETTE.

LETTRE
ET
JOURNAL
DU
P. JACQUES MARQUETTE.

MON R. PERE,
Pax X^{i}.

Ayant esté contraint de demeurer a St François tout l'éste, a cause de quelque incommodité, en ayant este guery dez le mois de Septembre J'y attendois l'arriuée de nos gens au retour de la bas pour ſçauoir ceque ie ferois pour mon hyuernement; leſquels m'apporterent les ordres pour mon uoyage a la miſſion de la Conception des Ilinois, ayant ſatiſfait aux ſentiments de V. R. pour les coppies de mon iournal touchant la Riuiere de Miſſiſipi, Je partis auec Pierre Porteret et Jacque.

Le 25 oct. 1674 Sur les midy le uent nous contraignit de coucher a la ſortie de la Riuiere, ou les P8te8atamis s'aſſembloient, les anciens n'ayant pas uoulu qu'on allaſt du coſtez des Ilinois, de peur que la ieuneſſe amaſſant des robbes auec les marchandiſes qu'ils ont apportez de la bas, et chaſſant au Caſtor ne uoulut deſcendre le printemps qu'ils croient auoir ſuiet de craindre les nad8eſſi.

26 oct. Paſſant au uillage nous ny trouuaſmes plus que deux Cabannes qui partoient pour aller hyuerner a la gaſparde, nous appriſmes que 5 Canots de Pȣteȣatamis et 4 d Ilinois eſtoient partis pour aller aux Kaſkaſkia.

27. Nous fuſmes arreſtez le matin par la pluye, nous euſmes beau temps et calme l'apres diſnée que nous rencontraſmes dans l'ance a l'eſturgeon les Sauuages qui marchoient deuant nous.

28. On arriue au portage, un Canot qui auoit pris le deuant eſt cauſe que qu'on ne tue point de gibier; nous commençons notre portage, et allons coucher de l'autre bord, ou le mauuais temps nous fait bien de la peine. Pierre n'arriue qu'a une heure de nuit, s'eſgarant par d'un ſentier ou il n'auoit jamais

esté, apres la pluye et le tonnerre, il tombe de la neige.

29. Ayant esté contraint de changer de cabannage, on continuë de porter les paquets, le portage a pres d'une lieuë, et assez incommode en plusieurs endroits, les Ilinois s'estant assemblez le soir dans notre cabanne demandent qu'on ne les quitte pas, comme nous pouuions auoir besoin d'eux, et qu'ils connoissent mieux le lac que nous, on leur promet.

30. Les femmes Ilinoises acheuent le matin notre portage, on est arresté par le uent, il n'y a point de bestes.

31. On parte par un assez beau temps et l'on uient coucher a une petite riuiere, le chemin de l'ance a l'esturgeon par terre est tres difficile, nous n'en marchions pas

loing l'automne paſſe, lorſque nous entraſme dans le bois.

1 Nou. Ayant dit la S^te^ meſſe on uient coucher dans une riuiere, d'ou l'on ua aux P8te8atamis par un beau chemin; Chachag8eſti8 Ilinois fort conſideré parmy ſa nation, a raiſon en partie qu'il ſe meſle des affaires de la traitte, arriue la nuit auec un cheureux ſur ſon dos, dont il nous fait part.

2. La S^te^ meſſe dit, nous marchons toute la iournee par un fort beau temps, on tuë deux chats qui n'ont quaſi que de la graiſſe.

3. Comme i'eſtois par terre marchant ſur de beau ſable tout le bord de l'eau eſtoit d'herbes ſemblables a celles qu'on peſche aux retz a St Ignace, mais ne pouuant paſſer une riuiere, nos gens y entrent pour m'embarquer

mais on n'en put ſortir a cauſe de la lame, tous les autres Canots paſſent a la reſerue d'un ſeul qui uient auec nous.

4. On eſt arreſte Il y a apparence qu'il y a quelque Iſle au large le gibier y paſſant le ſoir.

5. Nous euſmes aſſez de peine de ſortir de la Riuiere ſur le midy, on trouua les Sauuages dans une riuiere, ou ie pris occaſion d'inſtruire les Ilinois, a raiſon d'un feſtin que Naȣaſkingȣe uenoit de faire a une peau de loup.

6. On fiſt une belle iournée, les Sauuages eſtant a la Chaſſe deſcouurirent quelques piſtes d'hommes ce qui oblige d'arreſter le lendemain.

9. On mit a terre ſur les 2 heures a cauſe d'un beau cabannage, ou l'on fait arreſte 5 iours,

a cauſe de la grande agitation du lac ſans aucun uent enſuitte par la neige, qui fuſt le lendemain fonduë par le ſoleil et un uent du large.

15. Apres auoir fait aſſez de chemin on cabanne dans un bel endroit ou l'on eſt arreſte 3 iours Pierre racommode le fuzil d'un Sauuage, neige tombe la nuit et fond le iour.

20. On couche aux equors aſſez mal cabannez les Sauuages demeurent derriere durant qu'on eſt arreſte du uent un 2 iours et demy Pierre allant dans le bois trouue la prairie a 20 lieues du portage, il paſſe auſſi ſur un beau canal comme en uoute haut de la hauteur d'un homme, ou il y avoit un pied d'eau.

23. Eſtant embarque ſur le

midy nous eufmes affez de peine de gagner une riuiere, le froid commença pour lors, et plus d'un pied de neige couurit la terre qui eſt touſiours depuis demeure, on fuſt arreſte la 3 iours durant leſquels Pierre tua un cheureux 3 outardes et 3 cocqcs d'Inde qui eſtoient fort bons, les autres paſſerent iuſques aux prairies, un Sauuage ayant deſcouuert quelques cabannes nous uint trouuer, Jacques y alla le lendemain auec luy, 2 chaſſeurs me uinrent auſſi uoir, c'eſtoient des Maſk8tens au nombre de 8 ou 9 cabannes, leſquelles s'eſtoient ſeparez les uns des autres pour pouuoir uiure; auec des fatigues preſque impoſſibles a des françois ils marchent tout l hyuer, dans des chemins tres difficiles, les terres eſtant plaines de ruiſſeaux de petits lacs et de mareſts, ils ſont tres mal cabannez, et mangent ou ieuſnent ſelon les lieux ou ils ſe rencontrent; eſtant arreſtez par le uent nous remarquaſmes qu'il y auoit de grandes battures au large ou la lame briſoient continuellement; ce fuſt la que ie ſentit quelque atteinte d'un flux de uentre.

27. Nous euſmes aſſez de peine de ſortir de la riuiere, et ayant fait enuiron 3 lieues nous trouuaſmes les Sauuages qui auoient tuez des boeufs, et 3 ilinois qui eſtoient uenu du uillage, nous fuſmes arreſtez la d'un uent de terre des lames prodigieuſes qui uenoient du large, et du froid.

1 Decembre. On deuance les Sauuages pour pouuoir dire la 1re meſſe.

3. Ayant dit la 1re messe estant embarque nous fusmes contraint de gagner une pointe pour pouuoir mettre a terre a cause des bourguignons.

4. Nous partismes heureusement pour uenir a la riuiere du portage qui estoit gelee d'un demy pied, ou il y auoit plus de neige que par tout ailleurs, comme aussi plus de piste de bestes et de cocqcs d'Inde.

La nauigation du lac est assez belle d'un portage a l'autre, ny ayant aucune trauerse a faire, et pouuant mettre a terre par tout, moyennant qu'on ne soie point opiniastre a uouloir marcher dans les lames et de grand uent, les terres qui le bordent ne ualent rien, excepte quand on est aux prairies, on trouue 8 ou 10 riuieres aſſez belles, là chaſſe du cheureux eſt tres belle a meſure qu'on s'eſloigne des Pȣteȣatamis.

12. Comme on commençoit hier a traiſner pour approcher du portage les Ilinois ayant quittez les Pȣteȣatamis arriuerent auec bien de la peine nous ne puſmes dire la 1re meſſe le iour de la Conception acauſe du mauuais temps et du froid, durant notre ſeiour a l'entree de la riuiere. Pierre et Jacques tuerent 3 boeufs et 4 cheureux dont l'un courut aſſez loing ayant le coeur couppe en 2 on ſe contenta de tuer 3 ou 4 cocqs d'inde de pluſieurs qui uenoient autour de notre cabanne, parcequ'ils mouroient quaſi de faim; Jacques apporta une perdrix qu'il auoit tuez, ſemblable en tout a celles de France, excepte qu'elle auoit com-

O

me deux aiſlerons de 3 ou 4 aiſles longues d'un doigt proche la teſte, dont elles couurent les 2 coſtez du col ou il n'y a point de plume.

14. Eſtant cabannez proche le portage a 2 lieues dans la riuiere nous reſoluſmes d'hyuerner la eſtant dans l'impoſſibilite de paſſer outre eſtant trop embaraſſe, et mon incommodite ne me permettant pas de beaucoup fatiguer, pluſieurs Ilinois paſſerent hier pour aller porter leur pelleterie a naȣaſkingȣe auſquels on donne un boeufs et un cheureux que Jacque auoit tué le iour d'auparauant, ie ne penſe pas auoir ueu de Sauuage plus affamé de petun François qu'eux, ils uinrent ietter a nos pieds des Caſtors pour en auoir quelque bout, mais nous leur rendiſmes en leur en donnant quelque pipe parceque

nous n'auions pas encore conclu ſi nous paſſerions outre.

15. Chachagȣeſſiȣ et les autres Ilinois nous quitterent pour aller trouuer leur gens, et leur donner les marchandiſes qu'ils auoient apportez pour auoir leur robbes en quoy ils ſe gouuernent comme les traitteurs, et ne donnent guere plus que les François ; ie les inſtruiſis auant leur depart, remettant au printemps de tenir conſeil quand ie ſerois au uillage, ils nous traitterent 3 belles robbes de boeuf pour une coudee de petun, leſquelles nous ont beaucoup ſerui cet hyuer, eſtant ainſi deſbaraſſez, nous diſmes la meſſe de la Conception : depuis le 14 mon incommodite ſe tourna en flux de Sang.

30. Jacque arriua du uillage

des Ilinois qui n'eſtoit qu'a ſix lieues d'icy ou ils auoient faim le froid et la neige les empeſchant de chaſſer, quelques uns ayant aduerti la Toupine et le chirurgien que nous eſtions icy, et ne pouuant quitter leur cabanne auoient tellement donnez la peur aux Sauuages croyant que nous aurions faim demeurant icy que Jacque euſt bien de la peine d'empeſcher 15 ieunes gens de venir pour emporter toute notre affaire.

16 Januier 1675. Auſſitoſt que les 2 françois ſceurent que mon mal m'empeſchoit d'aller chez eux le chirurgien vint icy auec un Sauuage pour nous apporter des bluets et du bled ; ils ne ſont qu'a 18 lieues d'icy dans un beau lieu de chaſſe pour les boeufs et les cheureux et les cocqs d'inde qui

y ſont excellents, ils auoient auſſi amaſſez des uiures en nous attendant; et auoient fait entendre aux Sauuages que leur cabanne eſtoit a la robbe noire, et on peut dire qu'ils ont fait et dit tout ce qu'on pouuoit attendre d'eux; le chirurgien ayant icy ſeiourne pour faire ſes deuotions; J'enuoyay Jacque auec luy pour dire aux Ilinois qui eſtoient proche de la, que mon incommodite m'empeſchoit de les aller uoir et que i'aurois meſme de la peine d'y aller le printemps ſi elle continuoit.

24. Jacque retourna, auec un ſac de bled et d'autres rafraiſchiſſement que les François luy auoient donnez pour moy; il apporta auſſi les langues et de la uiande de deux boeufs qu'un Sauuage et luy auoient tuez proches d'icy;

mais toutes les beſtes ſe ſentent du mauuais temps.

26. 3 Ilinois nous apporterent de la part des anciens 3 ſacs de bled de la uiande ſeche, des citrouïlles et 12 Caſtors, 1° pour me faire une natte, 2° pour me demander de la poudre, 3 pour que nous n'euſſions pas faim, 4 pour auoir quelque peu de marchandiſes; ie leur reſpondis 1nt que i'eſtois venu pour les inſtruire, en leur parlant de la priere &c. 2nt que ie ne leur donnerois point de poudre, puiſque nous taſchions de mettre par tout la paix, et que ie ne uoulois qu'ils commençaſſent la guerre auec les muiamis. 3nt que nous n'apprehendions point la faim, 4nt que i'encouragerois les françois a leur apporter des marchandiſes, et qu'il falloit qu'ils ſatiſſiſſent

ceux qui estoient chez eux pour la raſſade qu'on leur auoit pris, dez que le chirurgien fuſt party pour uenir icy. Comme ils eſtoient uenus de 20 lieuës, pour les payer de leur peine et de ce qu'ils m'auoient apportez, ie leur donnay une hache 2 couteaux, 3 iambettes, 10 braſſes de raſſade, et 2 mirouirs doubles, et leur diſant que ie taſcherois d'aller au uillage ſeulement pour quelques iours ſi mon incommodite continuoit, ils me dirent de prendre courage de demeurer et de mourir dans leur pays et qu'on leur auoit dit que i'y reſterois pour longtemps.

9 Feurier. Depuis que nous nous ſommes addreſſez a la Ste Vierge Immaculée que nous auons commencez une neufuaine par une meſſe a laquelle Pierre et Jacque

qui font tout ce qu'ils peuuent pour me ſoulager ont commencez pour demander a Dieu la ſante, mon flux de ſang m'a quitte, il ne me reſte qu'une foibleſſe d'eſtomac, ie commence a me porter beaucoup mieux et a reprendre mes forces; il ne cabanne d'Ilinois qui s'eſtoit rangee proche de nous depuis un mois une partie ont repris le chemin des P8x, et quelques uns ſont encorre au bord du lac ou ils attendent que la nauigation ſoit libre ils emportent des lettres pour nos PP. de St François.

20. Nous auons eu le temps de remarquer les mareez qui uiennent du lac leſquels hauſſent et baiſſent pluſieurs fois par iour et quoyqu'il n'y paroiſſe aucune abry dans le lac, on a ueu les glaces aller contre le uent, ces mareez nous rendoient

l'eau bonne ou mauuaise parceque celle qui uient d'en hault coule des prairies et de petits ruiſſeaux, les cheureux qui ſont en quantite uers le bord du lac ſont ſi maigres qu'on a eſte contraint d'en laiſſer quelques uns de ceux qu'on auoit tuez.

23 Mars. On tue pluſieurs perdrix dont il n'y a que les mals qui ayent des aiſlerons au col, les femelles n'en ayant point ces perdrix ſont aſſez bonnes mais non pas comme celles de france.

30. Le uent de nord ayant empeſche le degel iuſques au 25 de Mars il commença par un uent de ſud, dez le lendemain le gibier commença de paroiſtre on tua 30 tourtres que ie trouuay meilleures que celles de la bas mais plus petites, tant les uieilles que les

ieunes; le 28 les glaces ſe rompirent et s'arreſterent au deſſus de nous, le 29 les eaux crurent ſi fort que nous n'euſmes que le temps de deſcabanner au pluſtot, mettre nos affaires ſur des arbres, et taſcher de chercher a coucher ſur quelque but l'eau nous gagnant preſque toute la nuit, mais ayant un peu gele, et eſtant diminuee comme nous eſtions aupres de nos paquets la digue uient de ſe rompre, et les glaces a s'eſcouler, et parceque les eaux remontent deſia nous allons nous embarquer pour continuer notre route.

La Ste Vierge Immaculee a prit un tel ſoin de nous durant notre hyuernement que rien ne nous a manqué pour les uiures, ayant encorre un grand ſac de bled de reſte de la uiande et de la graiſſe;

nous auons auſſi ueſcu fort doucement, mon mal ne m'ayant point empeſche de dire la S[te] meſſe tous les iours ; nous n'auons point pu garder du careſme que les Vendredys et Samedys ;

31. Eſtant hier party nous fiſmes 3 lieues dans la riuiere en remontant ſans trouuer aucun portage, on traiſna peuteſtre enuiron un demy arpant, outre cette deſcharge la riuiere en a une autre par ou nous debuons deſcendre, il n'y a que les terres bien hautes qui ne ſoient point inondeez, celle ou nous ſommes a cru plus de 12 pieds ce fuſt d'icy que nous commençaſmes notre portage il y a 18 mois ; les outardes et les canards paſſent continuellement on s'eſt contente de 7, les glaces qui deriuent encorre nous font icy de-

meurer ne ſcachant pas en quel eſtat eſt le bas de la riuiere.

1 Auril. Comme ie ne ſcay point encorre ſi ie demeureray cet eſte au uillage ou non acauſe de mon flux de uentre, nous laiſſons icy une partie de ce dont nous pouuons nous paſſer et ſur tout un ſac de bled tandis qu'un grand uent de ſud nous arreſte, nous eſperons aller demain ou ſont les François, diſtant de 15 lieues d'icy.

6. Les grands uents et le froid nous empeſchent de marcher, les deux lacs par ou nous auons paſſez ſont plains d'outardes d'oyes de canards de grues et d'autres gibiers que nous ne connoiſſons point, les rapides ſont aſſez dangereux en quelques endroits, nous uenons de rencontrer le chirurgien auec un Sauuage qui montoit

auec une canottee de pelleterie, mais le froid eſtant trop grand pour des perſonnes qui ſont obligez de traiſner les canotz dans l'eau, il uient de faire cache de ſon Caſtor et retourne demain au uillage auec nous, ſi les François ont des robbes de ce pays icy ils ne les deſrobbent pas, tant les fatigues ſont grandes pour les en tirer.

FIN.

Lettre et Journal
du feu P. Marquette.

+

A Mon Reuerend Pere
Le P. Claude Dablon
Superieur des missions
de la Compagnie de Jesus
en la nouuelle france

a Quebec.

Lettre et Journal
du feu P. Marquette.

+

A Mon Reuerend Pere
Le P. Claude Dablon
Superieur des missions
de la Compagnie de Jesus
en la nouuelle france

•

a Quebec.

FACIT

RECIT DES VOYAGES DU P. MARQUETTE. New York 1855.

www.ingramcontent.com/pod-product-compliance
Ingram Content Group UK Ltd.
Pitfield, Milton Keynes, MK11 3LW, UK
UKHW022101190726
13855UKWH00002B/565

9 782013 485012